BIBLIOTHÈQUE CHOISIE
DU DÉLASSEMENT DE LA SEMAINE
——— 2 FRANCS LE VOLUME. ———

HISTOIRE
D'UN VILLAGE

SUIVIE DE

UNE MAISON DU FAUBOURG S^T-MARCEAU

PAR

M. LE VICOMTE DE MELUN

PARIS

ADRIEN LE CLERE ET Cie
LIBRAIRES-ÉDITEURS
Rue Cassette, 39, près St-Sulpice.

C. DILLET
LIBRAIRE-ÉDITEUR
Rue de Sèvres, 21.

1864

HISTOIRE

D'UN VILLAGE

PARIS. — IMPRIMERIE ADRIEN LE CLERE, RUE CASSETTE, 29.

HISTOIRE
D'UN VILLAGE

SUIVIE DE

UNE MAISON DU FAUBOURG SAINT-MARCEAU

ET DE

SOUVENIRS DE VOYAGE EN SUISSE ET EN SAVOIE,

UNE LEÇON,

UN PÈLERINAGE A EINSIEDELN.

PAR M. LE VICOMTE DE MELUN

PARIS

ADRIEN LE CLERE ET Cie	C. DILLET,
ÉDITEURS,	EDITEUR,
Rue Cassette, 29.	Rue de Sèvres, 15.

1864

REVUE
D'ÉCONOMIE CHRÉTIENNE

ANNALES DE LA CHARITÉ
PARAISSANT A LA FIN DE CHAQUE MOIS
Par livraisons de 192 pages in-8º.
FORMANT A LA FIN DE L'ANNÉE
Deux magnifiques volumes in-8* de plus de 1100 pages chacun
ÉCONOMIE CHARITABLE, LITTERATURE,
HISTOIRE, SCIENCES MORALES, BIBLIOGRAPHIE,
PHILOSOPHIE SOCIALE, ETC.

PARIS ET DÉPARTEMENTS
UN AN, **18 fr.** — SIX MOIS, **10 fr.** — ÉTRANGER : **25 fr.**
1 franc en plus quand on désire que l'Administration envoie toucher les abonnements à domicile.

On souscrit à la librairie ADRIEN LE CLERE ET Cie, rue Cassette, 29, près Saint-Sulpice, Paris.

La Combe, 9 octobre 1863.

A M. E. LE CAMUS, *Secrétaire général de la Société d'Economie charitable, Directeur de la* Revue.

MONSIEUR,

Vous désirez, vous et mon ami M. de Melun, connaître mon opinion sur votre *Revue d'Economie chrétienne*, anciennes *Annales de la Charité*.

Je répondrai à votre désir en toute simplicité, et vous confierai ma pensée tout entière, sans restriction ni réserve.

Je suis pour votre Revue un ami ancien, constant, dévoué ; mais peut-être, par là même, sévère et difficile à satisfaire. J'éprouve donc tout d'abord une véritable joie à vous dire que votre œuvre me paraît en grand progrès. J'ai appris avec bonheur les nouveaux développements que, sous votre habile direction, a pris la *Revue d'Economie chrétienne*. Vous avez agrandi son format et rendu sa périodicité mensuelle ; et vous avez bien fait : le but et l'importance de votre œuvre exigeaient cette transformation. Nul parmi vos lecteurs ne se plaindra que vous paraissiez aussi souvent ; nul ne peut trouver que ce soit trop d'un cahier chaque mois pour l'étude de si graves, si nombreuses, si belles questions.

Cette Revue d'ailleurs, comme toutes les œuvres chrétiennes, avait commencé modestement ; puis, elle a grandi peu à peu, comme tout ce qui est destiné à une vie longue et utile. Ce ne fut d'abord que le procès-verbal des séances, où les membres de l'Association d'Economie chrétienne discutaient ces grands problèmes sociaux, dont la solution, est aujourd'hui tout à la fois si difficile et si nécessaire. A ces procès-verbaux on a joint ensuite des dissertations sur les questions plus délicates, dont l'étude pouvait aider à l'amélioration progressive, à la moralisation vraiment chrétienne, au bien-être réel des classes populaires.

Je suis heureux de constater ici que cette Association et cette Revue avaient déjà formé, lors de la révolution de 1848, une école d'économistes chrétiens, qui se sont trouvés prêts à parler utilement sur toutes les questions soulevées par cette révolution plus sociale encore que politique, et qu'ils ont contribué pour leur part, par la sagesse de leur parole en même temps que par le dévouement et les œuvres de leur charité, à arrêter la société sur la pente fatale qui l'entraînait aux abîmes.

C'est dans le Christianisme dignement interprété que vous et vos amis, Monsieur, avez aimé à chercher et à trouver le remède aux malaises qui ont agité et agitent encore les classes ouvrières, surtout dans les villes où les mauvaises doctrines, soutenues par les mauvaises mœurs, se propagent avec une plus redoutable facilité. Telle est la tâche que vous vous étiez imposée, et c'est une consolation pour moi de vous dire que vous l'avez déjà remplie et continuez à la remplir admirablement. Non-seulement votre Revue répand de précieuses lumières sur une foule de questions ; mais elle fait connaître à fond les œuvres et les institutions charitables, non-seulement de Paris, mais de la France et du monde chrétien tout entier. Rien ne me paraît plus utile.

A ces articles économiques vous avez joint des articles de haute critique littéraire, qui éclairent, qui élèvent l'âme. Le plus grand de nos orateurs et de nos écrivains, Bossuet, a été rarement mieux apprécié qu'il ne l'était récemment dans votre recueil.

Persévérez, Monsieur, à n'y pas admettre les peintures qui peuvent flatter ou exciter les passions. En empruntant à la vie réelle ou à l'histoire des récits intéressants, continuez à vous tenir en garde contre ces tendances romanesques qui prévalent trop en ce moment dans un grand nombre de nos publications périodiques. Bien qu'on puisse employer la fiction pour rendre la vertu aimable, et que trop de lecteurs ne veuillent la goûter qu'à ce prix, n'oubliez pas qu'ici l'écueil est près du but. Ce que je louerai donc ici sans restriction, ce sont ces gracieux récits dont la vérité historique n'a nullement affaibli le charme, et dont l'influence sur l'esprit et sur le cœur est d'autant plus effective, qu'ils appartiennent tout entiers à la vie pratique.

Ce n'est donc pas moi, Monsieur, qui vous blâmerai d'avoir introduit dans votre Revue cette piquante et féconde variété, laquelle est si bien faite pour intéresser tous les lecteurs. C'est ainsi que la *Revue* est tout à la fois une école de bonnes doctrines et un recueil de bonnes lectures. Chacun doit comprendre que vous ne puissiez pas parler uniquement et toujours du même sujet, et puisque vous recommandez sans cesse les lectures chrétiennes comme un des principaux moyens de régénération populaire, il est tout simple que votre Revue, joignant l'exemple au précepte, soit elle-même une de ces lectures. Et pour finir sur ce point, je suis heureux d'ajouter que tout ce que j'ai pu lire de la partie littéraire, artistique et pittoresque, réservée chaque mois à vos lecteurs, m'a paru irréprochable, et aussi très-heureusement composé et agréablement varié.

Toutefois, je crois devoir vous demander instamment de ne pas accorder trop de place à cette partie utile et attrayante, mais pourtant secondaire. Demeurez parfaitement fidèle à votre titre : emparez-vous de tout ce beau, vaste et inépuisable terrain, l'*Économie chrétienne*. Etendez-vous au loin, creusez, approfondissez. Dans tout ce qui se fait, se dit, s'écrit relativement aux questions sociales, soyez toujours présent, attentif, instruit; ayez votre avis, et exprimez-le avec lumière, avec netteté, avec force. Que ce ne soit pas seulement, si je puis dire, un sermon banal et ce perpétuel refrain qu'en dehors du Christianisme rien ne peut être inventé pour le soulagement des hommes qui travaillent et qui souffrent. Cela est vrai, mais cela est quelquefois dit trop vite. Prouvez-le, démontrez-le en paroles et en actes, par de savantes analyses, par l'histoire, par des exemples vivants. Nous assistons à une des transformations économiques les plus profondes qu'ait vues le monde. Etudiez de près ce vaste mouvement, sans frayeur, sans déclamation, sans amertume, sans vains regrets : dites ce qu'il a de mauvais et quelquefois de très-mauvais ; mais dites aussi ce qu'il peut avoir, ce qu'il a, et ce que sans cesse il faut y mettre de bon.

Si j'avais un conseil à donner aux chrétiens de nos jours et à tous les prêtres, ce serait de ne pas rester étrangers, comme ils le font trop souvent, aux questions sociales, d'être mêlés à la vie des paysans et des ouvriers, occupés de leurs logements, de leur nourriture, de leurs salaires, de leurs enfants, de leurs vieillards, de leurs sociétés mutuelles, de leurs lectures, de leurs plaisirs. Pourquoi ? Eh ! mon Dieu, pour tout soulager, tout éclairer, tout améliorer. Ce devrait être là notre passion dominante, en dehors de toute politique, de toute ambition, de toute récrimination. Vous étudiez pour nous les questions les plus importantes ; c'est bien le moins que nous recherchions vos travaux et profitions de vos lumières. Je voudrais que la sainte et noble indigence de tous nos bons curés de campagne leur permît de souscrire à votre recueil ; il faudrait du moins que tous MM. les curés de canton fussent vos abonnés. On nous arrache le peuple envers qui sont nos premiers devoirs, et on nous soustrait au peuple dont nous sommes l'unique consolation. Nous ne devrions pas permettre que personne s'occupât mieux que nous de ses intérêts ; nous devrions rougir de nous laisser dépasser sur ce terrain. Il y en a, je le sais, qui nous calomnient bassement près du peuple. Ah ! contentons-nous de répondre comme ce saint Père Liberman, l'apôtre des esclaves, à qui un malheureux dit un jour : « Si vous saviez comme je vous déteste ! — Et moi, si vous saviez comme je vous aime ! »

Voilà, Monsieur, votre admirable mission ; c'est d'être en toutes ces questions aussi savant que les plus savants, plus ardent que les plus zélés, aussi bien informé que les mieux renseignés, et plus tendrement dévoué que qui que ce soit, puisque c'est Jésus-Christ qui vous inspire. Vous avez, ce me semble, beaucoup à faire avant d'avoir épuisé votre sujet, et nul ne peut vous le disputer, comme aussi vous ne le disputez à personne.

Nous avons déjà des revues qui s'occupent de littérature et de politique. Je nommerai la plus utile de toutes, le *Correspondant*. Restez chacun sur votre terrain, non-seulement sans vous nuire, cela va sans dire ; mais même, s'il se peut, sans vous rencontrer ; et laissez-moi vous en féliciter : vous avez la meilleure part.

J'aimerais à voir parmi vos rédacteurs non-seulement

des prêtres et des hommes charitables ; mais des agriculteurs, des médecins, des ingénieurs, des étrangers ; je voudrais que vous devinssiez le *Journal pratique et théorique* d'amélioration sociale par l'économie chrétienne, et le premier, s'il se peut, et cela se peut ! Il y a des *Annales de la propagation de la foi* : soyez les annales de la propagation de la charité, en donnant à ce nom divin son sens le plus étendu : charité dans les lois, charité dans les relations, charité dans les actes.

S'il le faut, lisez et citez un peu moins vos amis, lisez et citez un peu plus vos adversaires ; faites-nous connaître davantage les livres et les institutions utiles, ce que font les administrations quelquefois très-ingénieuses, ce que font nos provinces, ce que font les pays étrangers, ce que font nos frères séparés.

En un mot, étendez votre cercle et restez-y. Il est immense, et vous devez y devenir les premiers. Il y a une grande parole dans nos livres saints, c'est que la charité survivra à tout. Je me permets d'appliquer cette parole, en un sens, à la terre et à notre temps. Que de systèmes ! que de partis contraires ! que de téméraires espérances ! que de prétentions ! Eh bien, peu à peu on est désabusé, ou déçu, ou trahi ; la croyance en ce que l'on avait cru trouver s'ébranle, la confiance aux promesses humaines s'évanouit ; que du moins la charité nous reste ! Rapprochons-nous dans la charité de Jésus-Christ : que la charité de Jésus-Christ rapproche de la foi chrétienne ceux que le malheur des temps en a éloignés. Ayons tous du cœur les uns pour les autres. Aimons surtout les petits, les enfants, les malheureux, les pauvres : faisons-leur tout le bien possible : cela survivra à tout, et c'est ce qui nous sauvera.

C'est à vous, Messieurs, qu'il appartient de grouper autour de vous, quelles que soient les divisions de parti, tous ceux qui ont conservé, sur les débris de tant de choses consumées ou flétries, le feu divin de la charité. Soyez-en bénis !

Je vous souhaite ces sympathies, ces sentiments, de toutes mes forces, et je ne négligerai aucune occasion pour vous seconder et vous remercier.

Tout à vous en Notre-Seigneur.

† FELIX, *Évêque d'Orléans*.

Nouvelle série. — Deuxième année.

MESSAGER DE LA SEMAINE

JOURNAL DE TOUT LE MONDE
PARAISSANT TOUS LES SAMEDIS
ILLUSTRÉ DE MAGNIFIQUES GRAVURES SUR BOIS
PAR LES PREMIERS ARTISTES.

Ce petit journal est le plus varié et le plus intéressant de tous ceux du même genre ; sa rédaction est toujours irréprochable. La plus grande surveillance est exercée à cet effet par le Comité directeur.

SOMMAIRE :

TEXTE : — 1° Chroniques hebdomadaires sur les événements et les questions du jour. — 2° Discussion des intérêts religieux et charitables. — 3° Récits historiques. — 4° Nouvelles morales et romans par les plus célèbres écrivains catholiques. — 5° Économie domestique, hygiène. — 6° Revues scientifiques, industrielles et d'agriculture. — 7° Mélanges et faits divers.

GRAVURES : — Actualités, Scènes de romans, Portraits. Principaux instruments d'agriculture et machines.

ABONNEMENTS :

PARIS ET DÉPARTEMENTS : UN AN, 7 fr.
ÉTRANGER : 10 fr.

1 fr. en sus quand l'abonnement doit être envoyé en recouvrement à domicile.

L'abonnement part du premier de chaque mois.

On s'abonne en envoyant un mandat de poste à l'ordre de M. DILLET, 15, rue de Sèvres, à Paris.

Le Directeur du *Messager de la Semaine* a reçu, au commencement de la deuxième année, de Mgr l'Évêque d'Orléans, la lettre suivante :

Aux encouragements nombreux qu'a reçus déjà le *Messager de la Semaine*, je suis heureux, Monsieur, de joindre l'expression de mes plus vives sympathies.

J'avais l'honneur, il y a quelques jours, de vous adresser mes félicitations au sujet de la *Revue d'Economie chré-*

tienne : je me reprocherais d'oublier cet autre recueil, plus modeste, mais non moins utile, que vous publiez également. Je ne saurais vous dire à quel point j'en approuve la pensée, et combien la nécessité d'une telle revue me paraît évidente et pressante dans le temps où nous sommes.

Sans doute il faut parler aux savants, aux publicistes, aux économistes, à la partie cultivée de la nation ; mais il est plus urgent encore peut-être de parler aux masses populaires, et de faire pénétrer au milieu d'elles les bonnes doctrines.

Le peuple lit aujourd'hui, et beaucoup ; je ne m'en plaindrais pas, certes, pour ma part, s'il ne lisait que de bons livres, pour s'instruire et s'améliorer. Mais, hélas ! que lit-il le plus souvent ? Les ravages que fait la mauvaise presse dans les foules et dans cette génération avide de lecture qu'ont enfantée nos écoles primaires, sont effroyables.

Il est urgent de contre-balancer les mauvaises publications par des publications saines ; c'est là, à mes yeux, une nécessité de premier ordre, et je vous remercie de l'avoir si bien compris, et de vous êtes mis à l'œuvre avec tant de zèle.

Deux maux pèsent aujourd'hui, comme de tout temps, sur le peuple : l'ignorance et la misère. Il faut absolument combattre ces deux fléaux ; et ici tout le monde est d'accord ; mais le malheur et le péril de ce temps, c'est qu'on se trompe sur le remède : on va le chercher là où il n'est pas ; on ne va point là où il est. Telle est la tristesse de l'époque où nous vivons, que bien des gens aiment les classes souffrantes et désirent sincèrement les soulager, et cependant n'aiment pas le christianisme, qui ne veut que ce qu'ils veulent et peut y aider si puissamment.

Il y a sur ce point de graves malentendus à faire cesser, de funestes défiances à guérir, de grands rappochements à opérer. C'est le but que vous vous proposez dans le *Messager de la Semaine*. Ce but est digne assurément de tous les efforts et de tous les sacrifices.

Mais, il faut le dire, la concurrence est redoutable avec la mauvaise presse : celle-ci a trouvé le moyen de parler un langage que le peuple entend. Elle lui arrive sous tous les formats et à tous les prix. Elle a appelé à son aide l'*illustration* et la *gravure*, qui lui donnent un attrait et un péril de plus.

Il vous faut lutter contre tous ces avantages ; il faut faire aussi bien et mieux que les méchants ; et pourquoi pas ? Il faut offrir au peuple non-seulement de bons écrits, mais des publications aussi attrayantes par la forme et aussi accessibles par le prix que les publications malsaines qui l'inondent de toutes parts.

Eh bien, cet art que les catholiques n'ont pas assez pratiqué jusqu'à ce jour, vous avez, vous et vos collaborateurs du *Messager de la Semaine*, essayé de vous en emparer. Vous avez créé une publication populaire, non-seulement bien rédigée, mais encore bien illustrée, où, dans un programme heureusement varié, l'utile est mêlé à l'agréable. Je vous félicite sincèrement du succès de votre œuvre, et je ne forme qu'un vœu, c'est que les catholiques, trop tièdes d'ordinaire pour seconder la presse religieuse, vous accordent de plus en plus leurs sympathies et leur concours, afin que vous puissiez améliorer encore votre *Revue*, donner de plus en plus à vos lecteurs non-seulement de beaux et curieux articles, mais aussi de nombreuses et belles gravures, en un mot lutter avantageusement avec les publications populaires les plus répandues et les plus goûtées. Le bien des âmes et l'honneur de la religion y sont intéressés.

Agréez, Monsieur, l'hommage de mes bien dévoués sentiments en Notre-Seigneur.

† FÉLIX,
Évêque d'Orléans.

HISTOIRE D'UN VILLAGE

I

Les Paysans.

Dans une petite vallée qui sert de limite aux départements de l'Aisne et de Seine-et-Marne, s'élève le village de B... oublié sur la plupart des cartes de géographie, et dont cependant la position n'a rien à envier à celle des bourgs les plus célèbres et les plus importants. Adossé à une colline boisée qui, pendant la chaleur, projette sur lui un frais ombrage, il voit se dérouler à ses pieds de riantes et vertes prairies qu'arrose, en serpentant, une rivière à l'eau bruyante et rapide ; là, à la fin de chaque printemps, se dressent d'énormes meules de foin, et, après la fenaison, de beaux troupeaux de vaches et de génisses viennent tondre l'herbe que la faux a déjà rasée, et préparent à leurs maîtres une ample provision de lait, de beurre et de fromages. Autour du village, des marais changés en jardins par un travail opiniâtre fournissent le marché voisin de fruits et de légumes, et un peu plus loin, de vastes plaines fertilisées par l'engrais et la charrue présentent une variété infinie de cultures qui ne trompent jamais l'espérance du laboureur.

Sur le sommet de la colline, de grands pans de murailles brisées, des créneaux interrompus par le lierre et la mousse, des arceaux suspendus en l'air, et qui semblent, pour achever de tomber, n'attendre plus qu'un dernier souffle du temps, rappellent des grandeurs déchues et des puissances éclipsées, et dans un coin de l'immense terrasse qui servait autrefois de piédestal au château fort, brille, parfumé de fleurs et ombragé d'arbres exotiques, un petit château moderne. L'élégante exiguïté de ses appartements, la richesse de ses draperies, le luxe de son mobilier, contrastent avec l'austère grandeur et la triste majesté des ruines, témoignage irrécusable du mouvement des idées et des choses qui, à travers les siècles et les révolutions, a fait d'une forteresse une villa, et d'un seigneur féodal un propriétaire.

A côté du vieux château, et plus immuable

que lui, l'église sa contemporaine a conservé son clocher gothique, ses colonnes élancées, ses vitraux aux vives couleurs, et sur son portail quelques saints mutilés par la révolution de 93 sont restés debout, malgré leurs têtes et leurs bras de moins, pour attester l'inutile persécution du dix-huitième siècle. Un peu plus avancée dans les terres, au milieu d'une riche exploitation, une ferme attire les regards par la solidité de ses constructions, l'étendue de ses écuries et de ses granges toujours pleines. Un mouvement continuel de chevaux et de charrettes qui sortent et qui reviennent y apportent incessamment le bien-être et l'abondance. Comme pour lui faire pendant, de l'autre côté de la prairie et séparée par la rivière, une usine à vapeur nouvellement construite laisse nuit et jour échapper de sa cheminée, semblable à un obélisque, un panache de fumée noire et épaisse, fait retentir l'air du cri aigu de ses métiers, et réunit autour de sa machine un essaim d'ouvriers étrangers au pays, dont le plus grand nombre logent dans des bâtiments dépendants de la manufacture, quelques-uns au village, d'autres dans les bourgs et la petite ville d'alentour.

Par une belle soirée d'été, deux voyageurs suivaient la route départementale qui conduit du chef-lieu de canton au village de B...; la journée avait été chaude, le soleil venait de disparaître de l'horizon; il ne restait plus dans le ciel que les rayons de lumière adoucie qu'il laisse derrière lui en se retirant. Tout respirait dans la campagne cet air de bien-être qu'apporte, après un jour brûlant, l'approche de la nuit : les oiseaux, le long des haies et sur le bord du bois, chantaient avant de s'endormir; les bœufs saluaient de leurs mugissements l'heure de l'étable et du repos; on entendait au loin le roulement des chariots qui ramenaient à la grange leur dernière charge, et la clochette des moutons, dont le berger préparait la couche dans la plaine, pendant que les travailleurs rustiques, de leurs voix plaintives et sonores, célébraient en chœur la fin de leurs longs travaux ou s'appelaient les uns les autres à la soupe du soir.

Sans être complétement insensibles à la scène extérieure, les deux voyageurs paraissaient absorbés par une conversation fort animée d'un côté, et très-écoutée de l'autre. L'un d'eux, encore jeune, portait l'habit ecclésiastique; son air était modeste et recueilli, sa physionomie douce et bienveillante portait les traces de la méditation et déjà d'un peu de souffrances; on voyait que la pensée l'avait encore plus fatigué que l'étude. Elevé dans une famille pieuse, neveu d'un prêtre, frère d'une religieuse, l'abbé Thévenot avait de bonne heure voué sa vie à Dieu. Ses professeurs l'avaient distingué au séminaire où il primait tous ses camarades; ils auraient voulu qu'il se consacrât à l'enseignement de la théologie ou des lettres, et lorsqu'il eut été ordonné prêtre, une chaire lui fut offerte dans le collége le plus important du diocèse. Mais sa vocation l'attirait ailleurs : il se sentait appelé, par une voix qui ne trompe pas, vers une paroisse de campagne; il voulait, comme son divin Maître, évangéliser les petits et les pauvres; son ambition était de passer sa vie avec les paysans, et de s'occuper des pauvres gens qui manquent de pain pour apaiser la faim de leur âme et de sources pures pour la désaltérer.

Nommé, depuis peu d'années, vicaire dans une paroisse très-chrétienne qu'il aimait et dont il était aimé, il lui en avait coûté de la quitter si tôt et d'abandonner des œuvres à peine commencées et promettant déjà d'heureux fruits; mais son évêque lui avait dit : « Il y a beaucoup de bien à faire à B..., beaucoup d'âmes à sauver; le sol est difficile et dur, il n'a pas encore trouvé une main capable de le cultiver, essayez-le; de grandes peines, de grandes épreuves vous attendent, et pour réussir, il vous faudra le courage du missionnaire qui va prêcher les contrées lointaines et civiliser les tribus sauvages. » Le jeune prêtre n'avait plus hésité; il arrivait avec l'empressement de l'apôtre et la résignation du martyr. Comme le missionnaire, il aimait déjà cette terre ingrate, ce troupeau rebelle qu'il fallait poursuivre et ramener, et à l'intérêt qu'il portait aux paroles de son interlocuteur, aux regards qu'il jetait sur ce village dont il embrassait de la route toute l'étendue, on eût dit un père revenant d'un lointain voyage et entendant parler de ses enfants qu'il va revoir.

Le maître d'école était venu le chercher à la ville voisine, et c'était lui qu'il écoutait avec une si grande attention.

M. Leroy n'avait ni la tournure ni le mérite d'un instituteur primaire élève d'une école normale, qui, à travers de sérieux examens, apporte à sa classe les habitudes d'un homme instruit et le parfum d'une éducation classique. C'était un magister de la vieille roche, plus paysan que bourgeois, dont les débuts dans l'enseignement dataient de la réorganisation des écoles après la première révolution; il avait pris possession de sa chaire par droit d'héritage, parce que son père avait été maître, et, depuis le commencement du siècle, il avait vu passer de pères en fils, sous sa férule et ses leçons, toutes les familles du village. Il n'était pas de ceux qui poussent trop loin l'instruction, exaltent les intelligences, et dégoûtent de la vie des champs par la séduction d'une science exagérée : lisant à livre ouvert, écrivant passablement, ayant la notion suffisante d'une orthographe de campagne et des quatre règles, il n'avait jamais étendu au delà le cercle des connaissances qu'il communiquait à ses élèves, et se donnait encore grande peine pour les faire entrer dans ces têtes, à la fois dures et légères. A la révolution de Juillet, quelques progressistes du conseil municipal avaient bien protesté contre l'esprit rétrograde et la science arriérée de l'ancien maître d'école, et un nouveau débarqué de la ville aurait voulu un instituteur capable d'ouvrir une école du soir et d'apprendre aux paysans la géographie et l'histoire ; mais l'immense majorité, d'accord avec le sentiment d'un pays très-peu littéraire, s'était opposée à ce progrès ; c'eût été une très-mauvaise note que de voter contre Monsieur le maître, dont tout le monde avait été l'élève, à qui on devait tout ce qu'on savait dans le village, et qui expliquait, avec tant de complaisance, les prédictions de Mathieu Lansberg et les proclamations de l'autorité. D'ailleurs n'avait-il pas reçu une attestation assez éclatante de sa capacité, lorsque, il y a quelques années, événement mémorable qu'il n'oublia jamais et qu'il aimait à rappeler sans cesse, il avait été mandé au château pour donner des leçons d'écriture aux enfants de Mme la comtesse pendant les vacances ?

Grâce à ces souvenirs, M. Leroy avait résisté à toutes les révolutions municipales ou autres, et il n'était pas moins bien avec l'Eglise qu'avec l'État. Depuis que l'église de B. avait été rendue au culte, il regardait comme son premier devoir et son plus grand honneur de chanter au lutrin et de figurer, après le curé, dans toutes les cérémonies sacrées. Fidèle aux offices, possédant les traditions plus ou moins harmonieuses du chant parisien, il était toujours le premier à son poste, entonnant avec la même onction et la même énergie les cantiques du Roi-Prophète, les hymnes de S. Thomas ou de Santeuil, et soutenant de la voix et du geste les voix aiguës et souvent égarées de ses enfants de chœur. Un seul jour il manqua au lutrin, à la stupéfaction générale. Peu docile aux innovations de la mode, il avait conservé l'habitude de porter une queue ; un curé novateur trouva que la queue ne pouvait plus s'allier à la chape, et lui demanda le sacrifice de la sienne. Malgré son extrême désir d'être agréable à son pasteur, le maître d'école ne put se résoudre à cette séparation, et il dut, en pleurant, s'éloigner de ce chœur où il avait trôné si longtemps et qu'il espérait n'abandonner qu'avec la vie ; mais le dimanche suivant, à la messe, les chants allèrent tellement de travers, et il se fit au lutrin un si effroyable charivari, qu'il fallut rappeler M. Leroy de son exil. Il reprit son siége pour ne plus le quitter, et, malgré sa queue, il en était digne ; car c'était assurément le meilleur chrétien du village et le meilleur homme du monde : son âge, sa popularité, l'habitude du commandement avaient bien donné à sa démarche une majesté, à sa parole une dignité qui témoignaient du haut rang qu'il occupait dans la commune ; on reconnaissait, en l'écoutant, qu'il avait conscience de sa position, mais il savait distinguer les rangs et tenir compte de la hiérarchie ; jamais il n'avait confondu l'église et l'école, l'Evangile et l'alphabet. Il était plein de respect pour le chef de la paroisse ; auprès de lui sa dignité était soumise et sa majesté obéissante. L'idée ne lui était jamais venue de mettre sa science primaire en opposition avec la religion, et de devenir, comme le disait

M. Thiers, un anti-curé. Doué d'ailleurs de beaucoup de sens et d'un certain talent d'observation, n'ayant jamais quitté la commune, en rapport continuel par sa profession avec tous les habitants, personne n'en connaissait mieux les traditions, les mœurs et les idées, et ne pouvait en donner une histoire plus sincère et plus véridique.

« Monsieur le curé, disait-il au moment où ils atteignaient la première maison du village, je suis obligé de vous le dire en conscience, nous ne valons pas grand'chose du côté de la piété et de la religion, nous payons d'abord d'anciennes misères. Pendant la révolution, de mauvais gueux sont venus chez nous prêcher contre le bon Dieu, mettre dans le signe de la croix : Liberté, égalité, fraternité ou la mort, à la place du Père, du Fils et du Saint-Esprit ; ils ont empoisonné tout le pays, et après eux plusieurs excellents prêtres y ont perdu leur latin. Et puis, nous sommes ici de singulières gens : le paysan n'est ni dépravé ni malheureux ; vous trouverez moins de cabarets qu'ailleurs ; nous n'avons pas beaucoup d'ivrognes et très-peu de débauchés ; mais l'église est vide ; le dimanche, le curé prêche et le maître d'école chante dans le désert. Ce n'est pas à cause du voisinage de Paris, on y va très-peu; encore moins la faute des journaux, nos gens ne s'y abonnent pas et n'auraient pas le temps de les lire; d'ailleurs ils aiment l'ordre, obéissent à la loi, et ne s'occupent jamais de politique. A mon avis, la vraie cause de nos vertus et de nos défauts, c'est l'amour de la propriété. Oui, Monsieur le curé, la terre rend nos paysans bons ouvriers, économes, sobres, les détourne du vice et de la danse, et fait que nous avons peu de pauvres; mais elle ne leur laisse ni trêve ni repos, ni le temps de prier ni celui de s'instruire; ils en ont tous un morceau, ils ne pensent qu'à l'agrandir; plus on en a, plus on veut en avoir, et plus, pour y arriver, on vit de privations et de misères: Entrez dans la maison de ceux qui en ont le plus, car il y a ici de gros propriétaires en blouses et en sabots, vous serez étonné de la pauvreté des murs et des meubles; à peine trouverez-vous une table et un banc, ils ne s'en servent pas. Hommes, femmes, enfants passent leur vie à travailler en plein air, ne s'assoient jamais que sur l'herbe un moment, mangent un peu de pain noir sur le pouce avec une pomme ou une noix, et à peine une soupe qu'apporte au milieu des champs le plus petit de la famille, et cette soupe est faite avec des herbes accompagnées, les jours de fête, d'un pauvre morceau de lard. Si l'un deux n'en peut plus de fatigue, impossible à lui de se reposer ; car la terre attend son labour ou son fumier. Si, à force de travail, il tombe tout à fait malade, on n'appelle le médecin qu'à la dernière heure, et presque toujours trop tard, pour n'avoir pas à payer trop de médicaments et de visites, et s'il meurt, on l'enterre à la façon du plus misérable, afin de ne pas diminuer son héritage. Ils ne se trouvent riches que le jour où il y a une pièce de terre à vendre dans le voisinage ;. alors on sort les vieux sacs enfouis sous des matelas ou dans des recoins inconnus, on en tire des louis d'or qu'on ne soupçonnait pas ; des gens à qui on aurait fait l'aumône tout à l'heure enchérissent les uns sur les autres, se font une concurrence acharnée, et le morceau est adjugé à dix fois sa valeur.

— Mais en quoi, interrompit le curé, cet amour de la terre, fort légitime dans une certaine limite, peut-il nuire à la religion?

— Si ces braves gens, répondit le maître d'école, sacrifient leur santé et leur vie à leur propriété, vous pensez bien qu'ils ne font pas mieux pour leur âme. La terre est plus que leur maître, c'est leur dieu ; ils n'ont de culte que pour elle ;

ils ne désirent que la gagner, sans se soucier le moins du monde de gagner le ciel ; car ils ne voient rien au delà de leur champ et de celui de leurs voisins, et ne se croient ici-bas que pour faire fortune et arrondir leur héritage. Vous m'avez demandé la vérité sans aucune réserve, eh bien, la voilà. La messe a tort, parce qu'elle leur enlève un instant de leur travail ; ils n'aiment pas le catéchisme, parce qu'il retient quelques heures l'enfant qui garde la vache ou les dindons, et le curé lui-même, pardonnez-moi ma franchise, est leur ennemi ; car il veut les empêcher de gagner le dimanche comme les autres jours, et puis ce qu'il enseigne n'enrichit pas, ce qu'il donne ne rapporte rien. Ils le regardent donc comme un homme qui vient vivre à leurs dépens, sans rien faire, et ne veulent rien lui demander, de peur d'avoir à lui rendre quelque chose. Je vous le répète, Monsieur le curé, et croyez-en ma vieille expérience, à force de ne rêver qu'à la terre et au moyen de l'acquérir, en entassant écus sur écus, les meilleurs finissent par ne compter pour rien tout le reste. Il y a peu de temps, un jeune homme d'une famille à son aise fut attaqué de la cataracte ; la dame du château le fit aller à Paris et entrer dans un hôpital, pour y être opéré ; l'opération réussit; à son retour au pays, il alla faire ses remercîments : « Tu as dû être bien heureux, lui « dit Madame, lorsque tu as vu clair. — Oh! Ma« dame la comtesse, lui répondit-il, on m'aurait « mis cent sols dans la main, je n'aurais pas été « plus content. » C'était, voyez-vous, le cri du cœur; pour tous nos paysans, riches ou pauvres, jeunes ou vieux, une pièce de cent sols, voilà le *nec plus ultra* du bonheur. Avec cette façon de voir, on ne pense pas beaucoup au paradis, et on s'inquiète peu de l'éternité.

— Cependant, reprit doucement le curé qui se rendait difficilement à d'aussi tristes conclusions et était tout porté à prendre la défense de ses nouveaux paroissiens, c'est déjà beaucoup que de n'avoir à combattre ici que l'excès de deux vertus, l'économie et l'amour du travail; ailleurs, la religion a ordinairement à lutter contre de plus dangereux ennemis, l'ivresse, la débauche, qui détruisent encore plus vite la santé, mettent plus de désordre dans les familles et n'envoient pas plus de monde à la messe.

— Vous avez raison, Monsieur le curé, répondit M. Leroy, mais ces ennemis, je le crains bien, ne vous manqueront pas; il ne faut pas aller loin pour les trouver. Passez cette petite rivière que vous voyez dans la prairie, regardez cette grande maison qui fume et dont on aperçoit la flamme dans le crépuscule : vous aurez là des paroissiens à qui on ne peut pas reprocher d'être économes. Etablis depuis peu sur une petite commune, qui, pour le culte, dépend de votre paroisse, ils ont apporté avec eux d'autres habitudes et d'autres mœurs ; mais j'ai peur que nous n'ayons pas gagné grand'chose à ce voisinage. »

Le maître d'école raconta alors comment M. Martin, riche fabricant de Normandie, avait bâti à G. une belle usine à feu, qui travaillait sans cesse et rapportait des produits magnifiques à son propriétaire, et comment le nouvel établissement avait groupé autour de lui une population d'ouvriers nomades, venus de tous les pays, la plupart sans famille et ne donnant pas toujours l'exemple de la sobriété et du bon ordre. « Je ne les connais pas, ajouta-t-il, ils sont retenus toute la journée dans la fabrique, et une école de garçons est attachée à l'établissement. Il est bien rare que nous voyions un des ouvriers à l'église, mais il s'est déjà ouvert tout près de chez eux un ou deux cabarets ; le soir on les entend chanter, rire et faire grand tapage ; ils s'amusent bien plus que nos paysans, et ne se refusent pas, comme eux, un verre de vin ni un bon dîner ; quand ils sont tous attablés un jour de fête, ce n'est pas avec des pommes et des noix qu'ils passent leur soirée. On dit que tout en s'amusant, ils s'occupent de politique, lisent les journaux, chantent des chansons qu'ils feraient mieux d'oublier, et tiennent des propos qui tôt ou tard pourraient bien les brouiller avec le maire ou les gendarmes.

— Les gens ne sont jamais aussi noirs qu'on les fait, reprit le curé, et si quelques bonnes réputations sont usurpées dans ce monde, il y en a beaucoup de mauvaises qui ne sont pas plus méritées. J'espère que là, comme de l'autre côté de l'eau, nous trouverons des auxiliaires qui nous prépareront la voie. Parmi ces ouvriers, venus de pays différents, plus d'un appartient sans doute à quelques-unes de ces contrées encore nombreuses en France où la foi n'est pas éteinte, a été élevé par une mère chrétienne, et lui a promis, en la quittant, de rester fidèle à Dieu. Des circonstances mauvaises, l'absence de conseil et d'appui ont pu détourner l'enfant de sa promesse; mais il ne faudrait peut-être qu'une parole pour réveiller ce qui dort au fond de son cœur. Un soldat, un sous-officier, à la fin de leur service, se placent souvent dans ces établissements, comme ouvriers ou contremaîtres; ils y apportent l'habitude de la discipline et du respect ; rarement un appel fait par la religion à d'anciens militaires reste sans réponse, et, une fois la porte ouverte, on se trouve en meilleure compagnie qu'on ne le pensait. Le propriétaire de la fabrique lui-même doit comprendre combien il importe de faire régner parmi ses ouvriers les principes d'ordre et de morale que l'Évangile a apportés au monde, et qui lui garantissent leur probité et leur obéissance ; car une manufacture, n'est-ce pas une caserne dont le régiment, suivant son esprit, peut être la protection ou la perte de ceux qui le commandent?

— Je n'ai fait qu'apercevoir M. Martin, repartit le maître d'école ; ancien ouvrier, il a gagné, dit-on, sa fortune à force de persévérance et de talent ; il est aujourd'hui très-riche et très-influent dans son pays, et je sais qu'il fait beaucoup pour ceux qu'il emploie. Crèches, écoles, infirmerie, logement pour les familles, jardins autour des logements, il s'occupe de créer tout cela auprès de son usine, et j'ai entendu dire que sa femme était très-bonne pour les enfants et les malades. Cependant ses ouvriers se plaignent de lui ; ils l'accusent de trop gagner à leurs dépens, et de ne leur faire la charité que pour se dispenser d'augmenter leur salaire ; mais c'est assez l'usage en ce monde que le sujet se plaigne du souverain, le fermier du propriétaire, l'ouvrier du maître.

— Et les paroissiens de leur curé, n'est-ce pas? interrompit l'abbé Thévenot en riant. Eh bien, nous tâcherons de changer un peu cet usage; en attendant, je vous remercie, Monsieur le maître, de vos excellents renseignements, j'en profiterai; je vois qu'il y a beaucoup à faire, je ne suis pas venu pour me reposer, et je compte sur vous pour me seconder dans mes efforts et mes essais.

— Oh! Monsieur le curé, s'écria le maître d'école, je suis tout à votre service, et chaque fois que vous aurez besoin de moi, je serai prêt à vous obéir; mais nous avons oublié ceux sur lesquels naturellement un curé doit compter, et je crois que votre plus grand secours viendra du château que nous apercevons au bout de cette allée. La dame qui l'habite est bien pieuse et bien charitable; elle a toujours une aumône à donner aux pauvres et une visite à faire aux malades; c'est aussi le soutien de notre église, et vous serez bien accueilli quand vous lui demanderez une bonne œuvre; elle a un fils, M. Lucien, qui a été à l'École polytechnique et à qui j'ai eu l'honneur de donner des leçons d'écriture; c'était alors un fameux espiègle qu'il n'était pas facile de tenir, et pourtant j'avais su le prendre et nous faisions très-bon ménage. Aujourd'hui, il est devenu un des officiers les plus distingués de l'armée, et quand il revient, il n'oublie pas son ancien maître; enfin cette famille, quoi qu'en disent les méchants et les envieux, est la providence du pays, et MM. les curés y ont toujours été bien reçus.

— Je le sais, dit le curé, et c'est à elle que je destine ma première visite, après votre école toutefois, Monsieur Leroy; car le serviteur doit agir comme le maître, et commencer ses politesses par ceux que Notre-Seigneur aimait tant. »

A ce moment, ils arrivèrent à la porte du presbytère. Le jeune prêtre sonna doucement; une vieille servante que lui avait donnée sa mère, et qui l'avait précédé de quelques jours, vint lui ouvrir et l'introduisit dans un logement modeste mais propre, et où tout avait été disposé pour le bien recevoir. En congédiant le maître d'école, il lui serra cordialement la main; celui-ci répondit par un profond salut, et après un frugal repas et l'examen rapide de la petite maison qui lui était destinée, le jeune curé se mit à genoux et demanda à Dieu, avec toute la ferveur d'une âme embrasée de son amour, de lui donner la grâce et la force de convertir ce nouveau monde où sa volonté venait de l'appeler.

II

Le Château.

Le lendemain, après son installation, qui avait attiré un assez grand nombre de paysans curieux de savoir quelle mine avait leur nouveau curé, l'abbé Thévenot visita longuement l'école. M. Leroy lui présenta en grande pompe son troupeau, fit épeler les plus jeunes, chanter une épître au plus âgé et crier les autres de toutes leurs forces : Vive M. le curé! Le bon pasteur produisit une profonde impression par ses douces et affectueuses paroles, l'éclat de ses images, et surtout l'excellence des bonbons qu'il distribua à tous les petits savants. Il revêtit ensuite la plus neuve de ses soutanes et prit le chemin du château : il y fut reçu avec une politesse bienveillante qui, par ce temps d'égalité, devrait être le partage de tous, et est encore restée le privilége d'un petit nombre. Peu habitué à ce qu'on appelle le grand monde, il se présenta d'abord avec un peu de timidité, mais on eut soin de ne pas s'en apercevoir; on mit la conversation sur des sujets qui devaient lui être familiers, il eut bientôt repris sa liberté d'esprit et toute la grâce de sa parole. Il avait cette élévation de l'âme qui met sur-le-champ de niveau avec les personnes les plus distinguées et les sujets les plus difficiles, et fait que partout où l'on est, on paraît naturellement à sa place. Au bout de quelques instants de conversation, le jeune prêtre avait donné de lui une opinoin très-favorable à la maîtresse de la maison, et ce n'était pas peu de chose que l'approbation de cette noble dame.

Mme la comtesse de Lanoy, issue d'une des plus anciennes familles de France, était bien jeune lorsque son père périt sur l'échafaud révolutionnaire. Elevée en émigration par sa mère proscrite avec toutes les privations et les misères de l'exil, elle n'était revenue en France qu'au rétablissement de l'ordre, et y avait épousé un gentilhomme de bonne maison et d'assez grande fortune. La Restauration lui avait rendu son rang à la cour et sa haute position dans le monde. Devenue veuve quelques années plus tard, elle avait complétement renoncé à Paris et vivait retirée à la campagne, s'occupant principalement de l'éducation de sa plus jeune fille, et dépensant une grande partie de ses revenus en travaux utiles aux ouvriers de son village, et en secours qu'elle aimait à distribuer elle-même aux malheureux.

Il était impossible de la voir sans être frappé de l'autorité répandue sur toute sa personne, et partout où l'avaient conduite les vicissitudes si multipliées de sa vie, en exil, à la cour, à la campagne, son caractère s'était trouvé au-dessus de sa position et avait exercé sur ceux qui l'approchaient un ascendant irrésistible. Le monde avait autrefois admiré sa beauté, le temps l'avait transformée sans la détruire; Mme de Lanoy possédait au plus haut point la beauté de son âge, la distinction et la finesse des traits, la haute élégance de la démarche et des manières, et surtout la dignité et la décison de l'âme à travers un charmant regard. C'était une femme forte dans toute la vérité de l'expression biblique, que rien n'aurait fait dévier de ce qui paraissait la ligne droite et qui serait restée ferme dans ses opinions et ses croyances jusqu'au martyre. Chrétienne sincère, toujours prête à sacrifier ses intérêts et ses goûts à ses principes, elle n'avait jamais manqué à aucun de ses devoirs de femme, de maîtresse de maison, de mère de famille, et sa vertu austère et charitable commandait le respect sans éloigner l'affection.

Un seul nuage, si l'on peut ainsi parler, se montrait sur ce beau ciel : Mme de Lanoy poussait jusqu'à l'excès la fierté de son nom et la haute idée de sa noblesse, elle avait un faible extrême pour ses ancêtres. Dans son château on se heurtait contre eux à chaque pas, on les rencontrait sous toutes les formes, sous toutes les figures, en marbre, en plâtre, en portraits, en gravures, dans toutes les pièces de son appartement, jusque dans les corridors et les vestibules ; et malgré son goût éclairé pour les arts et la littérature, le plus beau cadre et la plus belle place dans son salon, la plus magnifique reliure dans sa bibliothèque étaient pour sa généalogie. Cette prédilection aurait été innocente si elle s'était montrée moins exclusive ; mais, dans sa préoccupation aristocratique, il avait été impossible à Mme de Lanoy, malgré son humilité personnelle, de se défendre d'un sentiment de dédain pour ceux qui n'avaient pas d'aïeux ; elle ne blâmait pas cette infirmité dans les gens du peuple qui ne sortaient pas de leur position, mais elle professait un profond mépris pour ceux que l'on est convenu d'appeler les parvenus; elle les tenait à longue distance et ne se faisait pas faute, dans ses relations peu fréquentes avec eux, de leur faire comprendre qu'elle n'était pas dupe de leur ascension de la veille et qu'elle ne se croyait pas de la même souche.

Au reste, la noblesse qu'elle prisait tant n'était pas à ses yeux un titre aux jouissances et aux vanités de ce monde, mais une charge à laquelle Dieu et la société avaient attaché de grands devoirs et une lourde responsabilité. Elle se regardait obligée par sa naissance à soutenir les faibles, à secourir les pauvres, à se montrer la protectrice de tous les pays qui l'entouraient. Les petits bourgeois des villes voisines, en rendant justice à son mérite, se plaignaient de ses hauteurs et de sa manière imparfaite de comprendre l'égalité; mais les paysans, qui la trouvaient toujours prête à leur rendre service, s'étaient habitués à regarder le château comme leur refuge et leur maison de secours. C'était à lui qu'ils s'adressaient dans leurs embarras et leurs afflictions. S'ils avaient un enfant malade, ils allaient y chercher des remèdes et demander les conseils et la présence de la comtesse; ils réclamaient son influence auprès des autorités supérieures quand il fallait faire réformer leur fils ou obtenir pour lui un congé. Quant à sa morgue, ils ne s'en étaient jamais aperçus ; car elle était toujours avec eux affable et familière, et ils ne songeaient pas à se plaindre de ce qu'on appelait ses prétentions sociales : leur amour-propre y trouvait son compte. Malgré l'invasion des idées nouvelles, ils étaient fiers à leur tour d'avoir pour châtelaine la plus noble et la plus grande dame des environs, et se prêtaient volontiers à des prétentions dont ils avaient leur part et à une prépondérance qui ne se manifestait à eux que par des bienfaits.

La comtesse avait quatre enfants, trois filles et un garçon, l'aîné de tous. Rien n'avait été négligé pour la solidité de l'éducation de ses filles ; elle avait demandé aux meilleurs maîtres de développer leur intelligence et de leur donner ces talents qui nous rendent agréables aux autres, mêlent d'innocents plaisirs aux devoirs sérieux et austères de la femme chrétienne, et doivent être la distraction mais non l'occupation et le principal intérêt de la vie. Elle s'était réservé le soin de cultiver leur âme ; après avoir jeté les bases de leur instruction religieuse en les conduisant elle-même à un des catéchismes les mieux faits de Paris dont elle suivait toutes les réunions, elle continuait leur éducation bien moins dans les livres que dans des conversations intimes; elle se faisait auprès d'elles l'interprète de l'Évangile, et s'efforçait de leur faire comprendre et goûter la grandeur et l'héroïsme du devoir, et comme elle était la mère la plus dévouée, ses filles avaient en elle une telle confiance qu'elles se seraient reproché une pensée, une parole qui n'aurait pas été soumise à son jugement et sanctionnée par son approbation; mais cette confiance n'était pas la familiarité de nos jours, qui sacrifie l'obéissance à l'affection. Mme de Lanoy était aimée comme une mère et non comme une sœur; la vénération et l'obéissance faisaient partie de l'amour filial. Ses enfants pliaient avec joie leurs têtes sous ce joug doux et aimable, et subissaient une influence qu'elles n'auraient jamais eu l'idée de combattre; leur mère leur représentait la Providence sur la terre, et en effet, comme la Providence, elle les protégeait et veillait sur elles.

Toutefois, il y avait quelqu'un que, sans se l'avouer à elle-même, Mme de Lanoy aimait mieux que ses filles : Lucien, l'aîné de ses enfants, celui qui était destiné à continuer la famille et à perpétuer le nom, était l'objet d'une prédilection dont personne n'était jaloux. Né avec les meilleures dispositions, vif, animé d'une aptitude remarquable pour les études littéraires et scientifiques, il promettait, en grandissant, de réaliser toutes les espérances qui s'étaient accumulées autour de son berceau. La nature fière, indépendante, qui perçait à travers son caractère aimable, ne déplaisait pas à sa mère ; elle voyait, dans cette volonté qu'on ne dominait pas, l'accomplissement de ses rêves les plus chers ; elle faisait d'avance de son fils le représentant des nobles doctrines, le champion des grandes idées, l'héritier des traditions de sa race, incapable de transiger avec les misères et les faiblesses de son temps, et destiné à montrer au monde ce qu'était un chevalier français et un vrai gentilhomme. Quand le moment vint de le mettre au collége, et de le faire passer par cette vie commune qui prépare les enfants à vivre avec les hommes, Mme de Lanoy choisit l'établissement que les juges les plus compétents lui désignaient comme le meilleur. Lucien, dès son entrée, fut à la tête de ses camarades, et ne cessa, dans toutes ses classes, de remporter les premiers prix. Voué depuis son enfance à l'état militaire, il voulut entrer à l'École polytechnique, comme exigeant plus d'efforts et supposant plus de mérite ; et, après quatre ans d'études à Paris et à Metz, il sortit, à la tête de sa promotion, officier d'artillerie.

Son premier congé le conduisit au château de B...; sa mère, qui depuis quelque temps n'habitait plus Paris et avait joui de loin de tous ses succès, s'empressa de venir à sa rencontre, et, en le voyant pour la première fois sous son brillant uniforme, l'embrassa avec orgueil et transport. Mais combien sa joie fut courte et son réveil amer lorsque, après les premiers épanchements, elle s'aperçut que ce fils, en qui elle avait espéré revivre, n'avait plus aucun de ses sentiments, aucune de ses idées. Dès qu'il fut question de politique, et la politique occupait une grande place alors (on sortait à peine de la révolution de Juillet), Lucien scandalisa sa mère et effraya ses sœurs, si heureuses de son retour, par le jugement qu'il porta sur l'exil du roi Charles X et sur les principes qui, d'après lui, devaient à l'avenir servir de bases au gouvernement. Comme un grand nombre de ses camarades, il avait applaudi au renversement de l'ancienne dynastie, était pour la souveraineté du peuple, et traitait de doctrines rétrogrades et d'opinions à jamais finies les doctrines qui pour sa famille étaient un culte, les opinions auxquelles sa mère aurait sacrifié sa vie. Quelques jours après ce fut plus triste encore; car, malgré l'ardeur de son royalisme, Mme de Lanoy était avant tout chrétienne et dévouée à Dieu : quels furent l'indignation de la pauvre mère et son désespoir ! A la suite d'une discussion soulevée par hasard, elle avait acquis la conviction que Lucien avait abandonné la foi de ses pères et le chemin de l'église.

Une telle découverte mit la maison en deuil. Le jeune lieutenant qui vivait depuis longtemps au milieu de ces idées sans étonner ni effaroucher personne, n'en avait pas calculé l'effet sur sa famille; il en fut désolé, se repentit cruellement de sa franchise, et se promit bien de ne plus dire un mot capable de réveiller de tels chagrins. C'était promettre plus que l'humanité ne peut tenir, et les deux natures se ressemblaient trop pour s'arranger d'une trêve. Mme de Lanoy aurait bien voulu aussi éviter de si tristes sujets. elle en prenait de son côté l'engagement vis-à-vis d'elle-même, mais le caractère l'emportait sur la volonté. Comment d'ailleurs se taire sur le plus ardent, le plus puissant instinct de sa vie? comment dissimuler l'immense blessure qui saignait au fond de son cœur? A la première occasion l'allusion venait malgré elle, et, sans s'en douter, elle se montrait plus absolue dans ses jugements, plus agressive dans ses réflexions. Alors le sang de Lucien se révoltait, son silence lui paraissait une lâcheté, un abandon des droits de la vérité et de la raison. Il répliquait d'abord avec douceur; la discussion s'échauffant, l'amertume se mêlait aux arguments ; la mère accoutumée à la domination, le fils habitué à la controverse, allaient l'un et l'autre à l'extrémité de leurs idées, sans écouter les prières et les larmes des filles et des sœurs qui les suppliaient de parler d'autres choses, et la conversation finissait ordinairement par la retraite des deux adversaires. Ils remontaient, sans se dire adieu, dans leurs chambres, où la mère pleurait et le fils regrettait amèrement l'âpreté de la dispute, qui recommençait le lendemain.

La jeunesse a des priviléges qui sont à la fois son charme et son danger, et il semble que Dieu, en nous faisant passer par son mirage, ait voulu nous donner une idée de ce paradis terrestre qui est l'aiguillon et le regret de tant d'existences; on dirait que pour les jeunes gens le péché originel n'a pas encore pesé sur notre pauvre nature. A cette heure de la journée humaine, le soleil se lève et il éclaire de ses premiers rayons le chemin qui s'ouvre devant nous ; tout est fraîcheur, fleurs et verdure, on ne prévoit ni les orages de midi ni les tristesses et les ombres du soir. Il y a dans l'imagination tout ce qui plus tard manquera à l'expérience, des horizons sans bornes, des perfections sans taches et des cieux sans nuages ; les âmes bien nées sentent en elles une aspiration vers les hauteurs, un besoin de désintéressement, une foi au bien qui n'admet ni restrictions ni réserves ; et, dans leur élan de générosité, elles se précipitent vers le progrès et repoussent comme une trahison ou un mensonge tout ce qui tend à en tempérer ou à en arrêter la marche ; elles ne tiennent compte ni des frottements ni des obstacles, et ne voient pas les pierres qui si souvent obstruent le chemin.

Telle était l'âme de Lucien : grande et belle, elle s'était éprise de tout ce qui lui paraissait grand et beau ; les idées de liberté et de justice absolues l'entraînaient ; elle ne connaissait pas encore ce monde où, sous l'influence de nos imperfections et le feu de nos passions, les théories les plus justes conduisent souvent aux plus tristes conséquences, et où le mal sort quelquefois de la source même du bien. C'est ainsi que toutes les inégalités sociales, tous les priviléges, lui semblaient des vestiges d'une ancienne tyrannie dont il se défiait d'autant plus qu'il aurait dû en profiter. Il prenait le parti du faible et du pauvre contre sa propre fortune, et l'opinion qui lui imposait des sacrifices avait par cela seul raison à ses yeux. Dès que son intelligence s'était portée vers les affaires publiques, il n'avait pas hésité un moment ; il voulait le bien-être, l'instruction et la liberté de tous il; ne parlait que de réprimer les excès, réformer les abus, affaiblir et bientôt faire disparaître les distances qui séparent le riche du pauvre, le grand du petit, le gouvernant du gouverné ; en un mot, l'émancipation du genre humain était sa devise.

A cette époque il s'était fait dans beaucoup d'esprits une funeste confusion de la religion et de la politique : l'autel avait été associé au trône dans l'attaque comme dans la défense ; c'était, dans la polémique du jour, deux barrières que le passé opposait à la marche de l'esprit humain. Lucien, comme beaucoup de jeunes gens de son âge, qui n'avaient étudié le christianisme que dans les livres et les cours de ses adversaires, croyait qu'il avait fait son temps, et que, bon pour conduire un peuple enfant, il n'avait rien à faire avec un siècle capable de marcher seul et sans lisières ; il lui reprochait de la meilleure foi du monde de vouloir prolonger sur l'humanité une autorité qui n'allait ni aux lumières ni à la maturité d'une époque aussi avancée que la nôtre. Avec de telles idées Lucien ne pouvait plus, sur aucun point, s'entendre avec sa mère. Les mots n'avaient plus pour eux le même sens ; ils ne parlaient pas le même langage. Elle adorait ce qu'il voulait anéantir ; elle aimait, comme la sauvegarde de la société, l'autorité, qu'il accusait d'oppression : de là ces querelles inévitables entre la mère et le fils ; tous les deux apportaient trop de bonne foi, obéissaient à une conviction trop profonde pour voir autre chose qu'une incroyable erreur et un incompréhensible aveuglement dans l'opinion que chacun opposait à l'autre.

Mme de Lanoy était encore émue d'une dernière discussion qu'elle avait eue avec son fils, parti la veille pour rejoindre son régiment, lorsqu'elle reçut le nouveau curé. Il ne s'en aperçut pas tant que la conversation resta dans les formes banales d'une première entrevue ; mais après le départ d'un étranger venu lui-même en visite, l'entretien devint plus intime. Le prêtre appelle naturellement la confiance des âmes chrétiennes, et l'abbé Thévenot avait dans le regard et l'accent quelque chose qui rendait cette confiance plus facile encore et plus naturelle ; la comtesse ne tarda pas à épancher devant lui sa profonde tristesse. Dans ses récriminations contre les hommes et les idées qu'elle accusait de lui avoir enlevé son fils, elle laissa voir l'énergie de son caractère et l'amertume de ses regrets. Le curé chercha à répandre un peu de baume sur ses blessures, et, sans entrer dans une discussion politique à laquelle il voulait rester étranger dans l'intérêt du bien qu'il devait faire à sa paroisse, il s'attacha à rassurer la mère sur l'avenir religieux de son fils; mettant l'éloignement momentané de la foi sur le compte d'une effervescence passagère, il cita de nombreux exemples de jeunes gens que l'on croyait perdus pour toujours et qui, à la première occasion, étaient revenus : « Je l'ai vu, dit-il, au collége et ailleurs, l'influence de la famille ne s'efface jamais. Quelquefois elle disparaît sous la couche des idées, des passions, des entraînements du moment; mais il ne faut qu'un chagrin, un mécompte, et même un bon livre, une bonne parole, pour souffler sur ces vanités et ces mensonges, et l'empreinte de la vérité reparaît intacte.

— Je voudrais vous croire, répondit Mme de Lanoy, car Lucien est bon, généreux, il a tout ce qu'il faut pour chercher et faire le bien, et j'aime à penser que son cœur n'est pas gâté, mais son esprit est perdu ; que je regrette maintenant de l'avoir laissé entrer à l'École polytechnique, où tout lui a parlé contre les idées et l'influence de sa mère ! S'il était resté auprès de moi !

— Ne le regrettez pas, Madame ; ne faut-il pas que la foi de la jeunesse passe, dans notre siècle, par l'épreuve de la discussion ? Tôt ou tard le moment serait venu où il aurait dû vivre au milieu des objections et des contradicteurs, l'inaction lui aurait été un piége plus dangereux encore que ses études ; celles-ci ont pu égarer un moment son intelligence, l'oisiveté aurait attaqué son cœur. Tel qu'on me l'a dépeint, avec l'élévation de ses sentiments et de ses idées, votre fils ne pourra vivre longtemps dans l'indifférence, les vues si courtes et si basses de l'incrédulité répugneront à sa nature ; avec un peu de réflexion et d'expérience, il reconnaîtra la sublimité du christianisme et l'infirmité des systèmes qu'on lui oppose. Sa croyance ne sera plus alors une tradition, mais son propre ouvrage ; il l'aura acquise à la sueur de son front, elle sera désormais à l'abri de toutes les attaques.

— Dieu vous entende, Monsieur le curé, et vous récompense de vos consolantes paroles ! mais, avec le mauvais esprit qui gagne partout, je n'ose me livrer à une si douce espérance. Hélas ! tout l'éloignera de moi : il a du talent, les partis voudront l'exploiter, on l'entourera, on flattera son amour-propre, on abusera de ses bons instincts, on fera luire à ses yeux le faux brillant des doctrines du jour ; il faudrait qu'il fût malheureux pour me revenir, et qu'il est dur pour une mère d'être obligée de souhaiter un malheur à son fils, lorsqu'elle donnerait tout son sang pour lui épargner l'ombre d'une peine !

La conversation avait fait du bien à Mme de Lanoy, et lorsque ses filles revinrent de leur promenade, et qu'on vint à parler du nouveau curé, elle en fit un grand éloge ; seulement elle ajouta qu'il était bien jeune et qu'il paraissait avoir encore beaucoup d'illusions.

III

L'Usine.

Quelques jours après avoir visité le château, le curé se dirigea vers l'usine pour faire connaissance avec son propriétaire; cette visite lui coûtait plus que la première : non qu'il partageât les préventions de la comtesse contre la bourgeoisie; mais, dans les luttes du moment, le commerce et l'industrie s'étaient montrés très-hostiles à l'Église, et il craignait de rencontrer une malveillance qui déconcerterait sa bonne volonté. Ayant pris la résolution de ne pas écouter ses répugnances, et certain, d'après ce que lui avait dit le maître d'école, d'avoir affaire à un homme qui s'occupait du bien-être de ses ouvriers, et avec lequel il pourrait s'entendre sur ce terrain, il se présenta à la porte de M. Martin, et se fit annoncer comme le nouveau curé de la paroisse.

D'une tournure commune, avec des façons familières et une parole assez triviale, M. Martin cachait sous une enveloppe vulgaire une grande entente des affaires, et un instinct de spéculation qui l'avait si bien servi dans la conduite de son industrie que, de l'état de simple ouvrier, il s'était élevé à une haute et riche position commerciale. Dur à lui-même, infatigable au travail, il était rude, mais juste, pour ceux qui l'entouraient, et, tout en se plaignant des énormes bénéfices qu'il faisait par leurs mains, les ouvriers aimaient à travailler pour lui ; exact et ponctuel dans ses relations d'affaires, il mettait son honneur à tenir ses engagements avec la plus scrupuleuse régularité et à voir la fin de chaque année se solder en magnifiques profits.

Il était né commerçant, comme d'autres naissent hommes d'État ou poëtes ; il en avait la vocation et le génie. A ses yeux, la terre était une immense usine, et l'homme y avait été placé pour en acheter ou en vendre les produits ; le monde ne se composait que de fabricants et de consommateurs, les autres catégories étaient peu de chose à ses yeux, et si, dans ces derniers temps, il s'était mêlé de politique, il y avait été entraîné par d'autres ; au moment où le commerce avait pris la direction du mouvement, il était, par son intelligence et sa fortune, le premier fabricant de son arrondissement, et il avait été forcé par les instances de ses collègues d'accepter la présidence d'un comité électoral ; d'ailleurs, comme tout le monde, il avait son grain d'amour-propre : il se trouvait naturellement libéral, puisque le château ne l'était pas. Il lui était impossible à lui, riche et commandant à de nombreux ouvriers, d'admettre que le hasard de la naissance pût donner une supériorité quelconque sur la toute-puissance de la capacité et de l'or ; il se moquait bien haut des prétentions de la noblesse, était fier d'être le fils de ses œuvres, préférait une lettre de change aux plus vieux parchemins, et n'aurait voulu pour tout au monde avoir un nom à particule aristocratique ; peut-être même le disait-il un peu trop souvent pour qu'on fût obligé de le croire. Quant à la religion, il la regardait comme la consolation des vieilles femmes, et la distraction de ceux qui ne peuvent plus s'amuser et qui n'ont rien à faire. Elevé pendant la révolution, dans un temps où le chrétien n'apprenait son catéchisme et n'entendait la messe que dans les bois, dans les caves et au péril de sa vie, M. Martin n'avait jamais couru aucun danger pour s'instruire de la religion et la pratiquer ; elle était pour lui un rouage usé de la machine sociale, que l'on conservait dans le pays comme dans un parc une vieille ruine, et les prêtres lui paraissaient des hommes que le gouvernement payait par faiblesse; il n'en comprenait pas l'utilité, et, sans s'en rendre compte, il avait contre eux toutes les préventions de son époque et de sa classe : « Gens ambitieux, disait-il souvent, qui ne peuvent se consoler de la fortune et du rôle qu'ils ont perdus et dont ils ont tant abusé, qui conspirent avec les nobles pour ramener l'ancien régime, et cherchent tous les moyens de maintenir le peuple dans l'ignorance et la misère, afin de l'exploiter plus facilement. » C'était là à peu près son unique profession de foi. Au reste, ses préjugés ne l'empêchaient pas de se montrer de temps en temps généreux envers l'église; il y paraissait bien rarement, mais il lui avait fait un magnifique cadeau le jour de la première communion de sa fille, et chaque année il donnait une très-belle offrande le dimanche où sa femme rendait le pain bénit.

« Monsieur le curé, dit M. Martin après les premières politesses, je ne vous fais pas mon compliment d'être venu ici : vous avez là une pauvre paroisse, triste presbytère, maigre casuel; il n'y a pas grand parti à tirer de tout cela;

il est vrai que plus tard vous pourrez obtenir mieux : vous êtes jeune, vous avez le temps de faire votre chemin.

— Je n'en ai nulle envie, répondit l'abbé Thévenot ; je suis venu ici pour y vivre et j'espère bien y mourir, car je suis disposé à me dévouer tout entier et pour toujours à ma paroisse ; elle est petite, mais il y a beaucoup d'ouvriers, les vôtres, entre autres, qui, dit-on, ont grand besoin qu'on les instruise et qu'on s'occupe d'eux.

— Mauvaise race, Monsieur le curé, que tous ces gens-là, toujours mécontents, toujours grondeurs ; on fait mille choses pour eux, ma femme et ma fille s'y mettent de tout cœur : ils n'en sont pas plus reconnaissants, ils ne cherchent qu'à faire du tort, et disent pis que pendre de nous.

— Vous êtes pourtant bien bon pour eux ; je sais que vous avez fondé de belles œuvres en leur faveur.

— Oui, nous faisons ici les choses grandement ; ils ont une crèche, une école pour leurs enfants, des logements pour eux, tout ce qu'ils peuvent désirer. Après cela, il faut être juste, et n'allez pas me croire meilleur que je ne suis ; ce n'est pas seulement par charité que je leur donne toutes ces choses : j'y trouve mon compte avec le leur; dans notre position, on n'est pas libre d'être généreux; il faut que toute dépense rapporte pour n'être pas en perte à la fin de l'année, et pouvoir livrer au même prix que le voisin. Mais, voyez-vous, les mères travaillent mieux pendant que leurs enfants sont à la crèche, et les ouvriers que l'on loge s'attachent à la maison. Dieu ne défend pas, n'est-ce pas, d'arranger sa fortune avec le bien-être des autres?

— Assurément non, et c'est un bon exemple que vous donnez, Monsieur Martin; mais n'y aurait-il pas moyen de mêler à ce bien matériel un peu de moralité religieuse? Je serais très-heureux de vous seconder dans vos bonnes intentions pour vos ouvriers, et les services que nous leur rendrions de ce côté profiteraient aussi à votre maison; car l'ouvrier religieux se fait scrupule de nuire à son maître, soit par son improbité, soit par sa paresse; il accomplit sa tâche en conscience, et donne de bon cœur tout son temps à celui qui le paye.

— Oui certainement, Monsieur le curé, je ne demande pas mieux que vous prêchiez mes ouvriers; malheureusement, je vous en préviens, ils vont plus souvent chez le marchand de vin qu'à la messe. Que voulez-vous? ils travaillent fort, ils n'ont pas beaucoup de plaisirs, et si on les chicanait trop sur leurs manières de s'amuser, ils vous quitteraient pour aller ailleurs. Je serais, du reste, enchanté qu'on pût les détourner de la bouteille : car c'est un triste ouvrage que celui d'un ivrogne; seulement je ne vous promets pas le succès, mais je veux bien y contribuer si cela dépend de moi.

— Je vous remercie, Monsieur, nous chercherons un de ces jours quelque moyen de les amuser sans les corrompre, et vous verrez qu'avec votre aide nous arriverons à de bons résultats.

— Par exemple, vous serez plus raisonnable, n'est-ce pas, que votre prédécesseur? C'était un digne homme, je ne dis pas le contraire, mais nous n'avons jamais pu nous entendre; n'avait-il pas imaginé, sous l'ancien gouvernement, de m'empêcher de travailler le dimanche! D'abord, vous le comprenez, si je suspendais le travail un jour par semaine, comment soutenir la concurrence étrangère, et puis y a-t-il donc là si grand mal? Quand les ouvriers ne travaillent pas, ce n'est pas à l'église qu'ils vont, ils vont au cabaret, à la danse, pis encore; ne vaut-il pas mieux cent fois qu'ils soient occupés et rapportent de l'argent à la maison au lieu d'en dépenser mal à propos? Qui travaille prie, Monsieur le curé, c'est une parole de l'Évangile.

— Je n'ai jamais vu cette parole-là dans l'Evangile, et vous auriez de la peine à la trouver. Mais, en dehors même du précepte religieux, ne faut-il pas à l'homme un jour de repos sur toute une semaine de travail? n'a-t-il pas besoin du dimanche pour vivre un peu avec sa famille? Dans aucun autre pays on ne travaille le dimanche. Les Anglais, les Américains, qui sont les plus grands fabricants du monde, sont d'une extrême sévérité sur cet article, et ils n'y perdent pas. Donnez donc à vos ouvriers la liberté ce jour-là, nous nous arrangerons pour que leurs âmes et leurs corps en profitent. Ils en seront plus forts, plus actifs pour le lendemain, et en même temps ils en connaîtront et en aimeront mieux leurs devoirs.

— Je ne me repose pas, moi, mon cher Monsieur le curé, et cependant je ne m'en porte pas plus mal, et je crois être un honrête homme. Je vous le dis en toute sincérité, c'est avec ces exagérations que l'on rend odieuse la religion. Mon Dieu! le culte est une bonne chose, il faut une église et un curé à une paroisse, comme un maire et une maison de ville à une commune; mais aussi il faut être de son temps et ne pas demander ce qui n'est plus de notre siècle ! Autrefois le peuple passait ses journées à l'église et ne travaillait que par exception ; aussi Dieu sait quel commerce on faisait alors. Aujourd'hui il s'agit de regagner le temps perdu par nos pères ; et puis, soyez de bonne foi, tout est bien changé depuis cette époque, chacun voit plus clair dans ses affaires, on juge autrement les choses, les lumières ont fait un peu pâlir les cierges : nous ne sommes plus au temps où l'on menait les hommes avec des miracles, et vous-même, Monsieur le curé, franchement, auriez-vous grande envie, comme jadis, de courir au martyre ? » Sans attendre la réponse du curé, un peu ému de cette apostrophe, M. Martin, apercevant sa femme qui rentrait : « On m'attend à la fabrique, s'écria-t-il, je vous laisse avec Madame, et suis enchanté d'avoir fait votre connaissance. » Il disparut à ces mots, pendant que Mme Martin faisait force saluts au curé et lui donnait le temps de se remettre de cet assaut inattendu.

Mme Martin, bonne grosse ménagère, qui avait épousé son mari lorsqu'il n'était encore qu'à moitié chemin de la fortune, avait conservé les manières et la conversation des commères de petite ville ; mais elle était la bonté et l'obligeance mêmes, cherchait à être agréable à tout le monde, et n'avait contre l'Église et les prêtres aucune des préventions du chef de la famille. L'entretien eut avec elle un autre ton, et devint beaucoup plus orthodoxe. Mme Martin parla avec le curé de bonnes œuvres, lui expliqua comment elle avait organisé sa crèche, la lui montra en détail, et dans cette visite témoigna aux petits enfants une tendresse toute maternelle ; elle se plaignit de l'amour des jeunes ouvrières pour la toilette et les fêtes de village, demanda au curé s'il avait été au château, et ne put s'empêcher, en parlant de Mme de Lanoy et de ses filles avec respect, de regretter qu'elles fussent trop grandes dames.

« La comtesse est un peu fière avec nous, dit-elle, elle nous salue à peine d'un petit signe de tête, et pourtant son fils Lucien a été camarade du nôtre au collége ; ils se tutoient et s'aiment beaucoup. Il est vrai que le fils n'a pas les mêmes idées que la mère : c'est un homme tout à fait hors ligne, un savant de premier ordre, comme dit mon mari. Rodolphe n'en sait pas si long que lui, mais à quoi bon ? Il aura la belle fortune de son père, et il sait déjà en profiter ; vous ne sauriez croire tous les succès qu'il a à Paris, comme chacun l'aime et lui fait fête. »

Le curé se garda d'insister sur les succès du

fils de la maison, il en connaissait trop la nature. M. Rodolphe, élevé dans l'idée qu'il posséderait un jour une immense fortune, avait le plus profond mépris pour la manière dont elle avait été acquise, et se préparait à la perdre plus vite qu'elle n'avait été gagnée. Se lançant, dès sa sortie du collége, dans cette singulière société de jeunes gens comme il faut, d'aventuriers et de marchands de chevaux, chez laquelle l'argent arrive et passe si vite, il figurait à toutes les courses, était de tous les paris et s'illustrait dans un certain monde par la facilité avec laquelle il faisait des dettes à l'aide des chevaux, des chiens, des jeux, etc. Deux fois déjà le père avait dû payer de lourdes lettres de change, et il commençait à trouver que son fils avait de trop grands succès et qu'il aurait dû les choisir à meilleur marché : mais sa mère, qui ne tenait pas la clef de la caisse, était encore sous le charme et ne tarissait pas sur le grand état que tenait son fils. Mme Martin passa ensuite à l'histoire de toute sa famille, fit l'éloge du caractère et des talents de sa fille, qui terminait son éducation dans un couvent de Beauvais, parla de ses belles-sœurs, de ses neveux, de ses nièces, de ses cousins, de ses parents à tous les degrés.

« Voyez, ajouta-t-elle, Monsieur le curé, ce

que c'est que la différence des natures, même avec le même sang : Rodolphe a un cousin que nous avons fait élever avec lui, car sa pauvre mère, ma sœur, n'était pas riche, le mari n'avait pas fait fortune dans sa petite boutique, et lorsqu'ils sont morts tous deux, le malheureux enfant n'aurait pas eu de quoi payer ses mois d'école, si M. Martin, qui est très-bon parent, ne l'avait pas mis à la pension de notre fils ; ils ont eu les mêmes maîtres, les mêmes leçons. Eh bien, il est impossible de voir deux hommes qui se ressemblent moins. Le cousin est aussi timide, aussi terne, et fait aussi peu de bruit que Rodolphe est hardi, brillant et tient de place dans le monde. Il est maintenant clerc de notaire, et il se tue de travail, car il faut bien qu'il se fasse un état ; on dit qu'il est très-capable, on ne s'en douterait guère, il a l'air de rien auprès de Rodolphe ; après cela, c'est un bon cœur ; croiriez-vous que ce garçon-là, qui n'a pas un sou, trouve moyen de donner aux pauvres ? Il est à Paris de toutes les sociétés de charité. Dès qu'il a un moment à lui, il s'en va courir les greniers, faire l'école aux soldats, jouer avec des apprentis. Son grand plaisir est de mener tout ce monde à la messe. Enfin, c'est ce que les pauvres gens appellent un saint Vincent de Paul.

M. Martin n'aime pas trop cela : il prétend qu'on n'en peut jamais jouir, et se plaint qu'il est toujours avec des prêtres et des sœurs. Il aimerait mieux le voir plus dégourdi et ne pas ressembler, comme il dit, à un sacristain ; mais moi je ne suis pas si sévère, et je ne puis lui en vouloir de trouver son plaisir à faire du bien.

La paroisse et le canton arrivèrent après la famille. Mme Martin s'étendit sur le mauvais ménage du notaire, la ruine prochaine de l'épicier ; elle allait entamer la biographie de la directrice de la poste, lorsque le curé, pour se soustraire à ce torrent de paroles, prit le parti de lever la séance, en demandant la permission d'aller dire son bréviaire.

Les jours suivants se passèrent en visites chez les principaux habitants de l'endroit. Le curé fut reçu poliment par le plus grand nombre ; plusieurs parurent flattés de sa venue, quelques-uns eurent l'air étonné et se demandèrent ce qu'il venait faire ; on parla beaucoup du prix de l'avoine, de la maladie des pommes de terre et de la baisse du froment au dernier marché. Le bon curé fit ce qu'il put pour être à la hauteur de cette conversation agricole ; partout il eut l'occasion de reconnaître la vérité des jugements de son maître d'école, et d'apprécier le goût des paysans pour les choses de la terre et leur ignorance de celles du ciel. Quand ils voulaient lui faire l'éloge le plus complet d'un de leurs enfants ou de leurs voisins : « C'est impossible, s'écriaient-ils, d'être plus intéressé. » Le doyen et le plus instruit de ses marguilliers, en lui faisant remarquer dans l'église une très-belle boiserie tirée de l'abbaye de Cerfroid, chef-lieu de l'ordre des Trinitaires, dont les ruines étaient à quelques kilomètres de sa paroisse, lui disait : « Nous avons encore quelque chose de bien plus rare et de bien plus précieux, qui nous vient du même monastère, ce sont les reliques de la sainte Trinité. »

Le curé voulut aller jusque dans les plus misérables cabanes et rendre sa visite pastorale aux plus pauvres ; il leur parla à tous avec intérêt et bonté, caressa les petits enfants, leur donna des chapelets et des médailles, dit du bien d'eux à leurs mères, s'entretint avec le père de sa famille et de ses ressources, et laissa partout une impression de charité et de mansuétude. Comme il succédait à un bon prêtre qui, arrivé avec la conviction que le pays était perdu et qu'il n'y avait rien à faire, après quelques essais sans résultats et quelques démarches mal interprétées, s'était tenu tout à fait à l'écart et vivait à peu près étranger à la paroisse, on sut gré au nouveau venu de s'être rapproché de ses paroissiens; on dit partout qu'il n'était pas fier, et le bruit se répandit à plus de dix lieues à la ronde que le village de B. avait un brave homme pour curé.

IV

La Visite domiciliaire.

L'influence de la révolution de Juillet, qui avait, dit-on, rendu la liberté à la France, ne s'était pas manifestée de la même manière chez toutes les intelligences et dans tous les pays. Les paysans de B. l'avaient apprise par la proclamation de leur maire et la suspension d'un drapeau tricolore au coq de leur église; ils l'avaient acclamée, parce que le clerc du notaire voisin leur avait dit que le peuple venait de remporter une grande victoire et qu'ils allaient être les maîtres; ils s'étaient donné le plaisir si naturel de crier un peu contre le château, le presbytère et les gendarmes, et avaient reçu avec une crédulité merveilleuse les histoires les plus incroyables, expédiées de Paris, sur les exploits des héros, la bravoure des gamins et la rage des nobles qui se réunissaient à minuit dans les bois et n'avaient pas trouvé de plus sûr moyen de se venger que de mettre le feu à leurs propres fermes; mais comme ils s'aperçurent qu'il y avait toujours un roi, un percepteur, un garde champètre, qu'il fallait toujours payer les impôts et les fermages, et que les gendarmes reparaissaient pour arrêter les délinquants, ils oublièrent bientôt la victoire du peuple; si, comme nous le verrons plus tard, quelques mauvaises idées leur restèrent, l'ordre public n'en fut pas troublé, et ils retournèrent à leurs champs sans plus penser à tout ce qu'ils avaient gagné. Il n'en fut pas ainsi de l'autre côté de la prairie : la révolution était jugée différemment à l'atelier qu'à la charrue, et les ouvriers de la fabrique prétendaient en tirer un autre parti.

L'industrie a fait une grande chose lorsqu'elle a réuni des multitudes d'hommes pour appliquer à sa manière les lois de Dieu, et d'une matière grossière et morte obtenir des chefs-d'œuvre de bien-être et d'élégance. Mais, en concentrant ainsi des masses pour le travail, en faisant de chaque homme un clou ou une vis dans la grande mécanique industrielle, elle a créé une force dont elle ne conserve pas toujours la direction, et cette force, qu'elle destine à la grandeur et à la fortune du pays, peut, comme la vapeur qu'elle condense, éclater un jour contre sa sécurité et son repos. Rien ne paraît mieux ordonné, plus soumis aux règles de la discipline que ces réunions d'ouvriers resserrés dans un étroit espace, exécutant le même mouvement, obéissant à la même loi que la machine, ayant chacun sa place et sa fonction dans l'ensemble d'un gigantesqne travail, et faisant sortir de cette communauté d'efforts une œuvre qui est comme l'expression de l'esprit et des bras de tous. Mais cet atelier si régulier peut devenir un club en permanence, où des hommes, avec des préjugés et des passions semblables, se rencontrent tous les jours et mettent en commun leurs griefs et leurs plaintes contre la société et leurs maîtres; l'accord est facile et l'entente immédiate, car leurs instincts et leurs défiances se confondent : recrutés presque tous dans les villes, où les intelligences sont plus développées, où les idées mûrissent et circulent plus vite, se sentant supérieurs au travail mécanique qui les enchaîne, ayant à la fois la conscience de leur esclavage et l'instinct de la liberté, leurs âmes forment entre elles un milieu brûlant où le mécontentement fermente et où bouillonne l'opposition; sur ce milieu les idées nouvelles ne glissent pas, elles rencontrent des imaginations pour les accueillir, des passions pour les exagérer, des forces aveugles pour les mettre en pratique, et pendant que l'ouvrier agricole, dans son labeur isolé et en plein air, peut appliquer son esprit au spectacle de la nature qui est toujours plus grand que sa pensée, met son intérêt dans la plante qu'il cultive, dans la moisson qu'il recueille, et se soumet aux lois d'un maître dont il ne peut ni contester ni combattre la toute-puissance; l'industriel, renfermé dans une étroite prison dont son imagination dépasse les limites, courbé sur un travail qui ne dit rien à son intelligence, attribuant ce qu'il endure et ce qu'il souffre à des volontés qu'il peut atteindre, à des abus qu'il peut punir, est sans cesse tenté de se livrer à tout ce qui promet un allégement à sa peine, une satisfaction à sa vengeance, et de fournir des soldats aux émeutes et des héros aux barricades. Tel avait été le rôle des ouvriers des manufactures à la révolution de Juillet, et ils l'avaient rempli avec d'autant plus de facilité et d'empressement que, dans cette lutte dont ils étaient sortis vainqueurs, ils avaient reçu l'impulsion de ceux qui avaient le plus d'intérêt à les retenir, et avaient trouvé des chefs et des associés dans les adversaires naturels de leur révolte. L'usine de M. Martin était restée sous l'impression des droits et des exigences que donne la victoire.

« Ohé! dites donc, savez-vous la nouvelle, vous autres? demanda un jour en entrant Pierre, un des moins habiles, des plus remuants et des plus tapageurs de la fabrique.

— Quoi donc! s'écrièrent en chœur les ouvriers.

— Le grand Louis est arrivé de Paris, cette nuit, il dit qu'il s'y passe de drôles de choses.

— Quelque histoire de sa façon, comme il en court par ici, plus absurdes les unes que les autres, interrompit Joseph, brave homme, toujours le premier à l'ouvrage, et qui, père de famille, avait peu de goût pour tout ce qui troublait l'atelier.

— Oh bien! oui, des histoires, répliqua Pierre, c'est la vérité pure; les blancs ont voulu faire un coup. N'ont-ils pas imaginé de proclamer leur roitelet à Saint-Germain-l'Auxerrois et de nous remettre sous l'ancien régime; tout était arrangé pour cela : l'archevêque de Paris avec trois cents séminaristes, qui depuis longtemps faisaient l'exercice à feu dans leur séminaire, devait marcher sur les Tuileries et l'Hôtel de ville, proclamer l'abolition de la 'charte, rétablir la dîme et déclarer qu'à l'avenir on mettrait en prison tous ceux qui n'iraient pas à la messe. Heureusement le peuple était là et a dit: On ne passe pas; et comme les autres insistaient, il a tout démoli, l'église, l'archevêché; il a tout jeté à l'eau, les chasubles, les croix, les livres. Le grand Louis dit que rien n'était plus drôle que de voir nager dans la Seine toute la sacristie. Il paraît que leur petit roi était barricadé dans leur faubourg avec une armée de nobles et de prêtres ; mais quand ils ont vu l'attitude du peuple, la peur les a pris, ç'a été un sauve-qui-peut général, et chacun s'est caché dans les environs, en attendant une occasion meilleure : l'ordre est donné de les poursuivre et de les ramener morts ou vifs. Je parie qu'on n'aurait pas à aller bien loin d'ici pour en trouver quelques-uns. La comtesse de là-haut est de la clique. On pourrait faire une jolie prise dans les cachettes du château !

— Quelle bêtise ! reprit Joseph, tu sais que Mme de Lanoy ne reçoit et ne pourrait cacher personne; hier encore, elle a passé presque toute la journée chez un de ses fermiers dont l'enfant est bien malade ; elle est seule avec ses filles, et n'a pas du tout l'air de se mêler des affaires de Paris.

— Bah! bah! poursuivit Pierre, parce que tu es d'un pays où l'on a encore les vieilles idées, tu es dupe de tous ces gens-là ; sois tranquille, je te réponds qu'ils s'entendent tous ; la comtesse a l'air de ne pas y toucher, mais elle n'en conspire pas moins avec les autres. D'abord elle a horreur de la révolution, elle la déteste si bien que quand elle va à l'église elle prie contre elle. Ne dit-on pas qu'elle s'asseoit au *Domine, salvum*, de peur que le bon Dieu ne protége le nouveau gouvernement? Tu diras tout ce que tu voudras, Joseph ; mais tant qu'on laissera ces gens-là dire et faire tout ce qu'ils ont dans la tête, posséder toutes les terres et vivre des sueurs du pauvre peuple, nous ne serons que des malheureux et des esclaves, et la révolution ne sera pas finie.

— C'est bien vrai, » crièrent cinq ou six voix qui avaient pris l'habitude d'applaudir à toutes les paroles de l'agitateur. Joseph voulait répliquer, mais on lui cria : « A bas le traître ! à bas le jésuite! » Il fut convaincu de n'être pas du parti des ouvriers ; peu s'en fallut qu'il ne fût chassé comme espion ou arrêté comme conspirateur. Une fois les têtes échauffées, c'était à qui ferait la motion la plus énergique et la plus avancée :

« Pourquoi ne ferions-nous pas comme le peuple

de Paris ? si nous démolissions le château ? si nous jetions l'église à la rivière ? » Quelques-uns même étaient d'avis que la châtelaine suivît sa maison, et le curé son église. Bientôt l'atelier ne retentit plus que de cris de guerre et du chant de la *Marseillaise*. Il était évident qu'il fallait frapper quelque grand coup afin de sauver la patrie. Dans toutes les réunions exaltées, au milieu d'une majorité qui cède à une impulsion qu'elle ne calcule pas, s'enivre d'une parole ardente, et court les yeux fermés à des excès qu'elle prend pour des devoirs, il y a toujours quelques natures méchantes, prêtes à exploiter l'effervescence générale au profit de leurs passions haineuses, et à conduire au crime des gens qui dans leur ivresse s'imaginent suivre le droit chemin. Dans cette émeute improvisée, à côté d'un certain nombre qui n'y voyaient qu'une occasion de tapage et par conséquent une partie de plaisir, beaucoup étaient convaincus que le château était un foyer de conspiration : ils allaient s'élancer contre lui, comme des soldats vont à l'assaut pour le salut de leur pays ; mais celui qui avait soufflé le feu et soulevé la tempête reprit la parole pour modérer leur ardeur.

Pierre n'était pas un ouvrier ordinaire, il en

savait plus que les autres et voulait autre chose ; il n'avait pas été destiné à tirer la navette ou à frapper le fer ; ses parents, honnêtes laboureurs, après avoir amassé à grand' peine une petite fortune, avaient eu l'ambition d'élever leur fils au-dessus de leur condition et d'en faire un monsieur : leurs économies avaient été sacrifiées pour le mettre en pension dans la ville voisine et le rendre capable, par une éducation classique, d'être notaire, médecin, ou, ce qu'ils préféraient à tout, employé du gouvernement. Mais le jeune homme avait mal répondu aux sacrifices paternels ; au lieu d'être un homme distingué, il était devenu un mauvais sujet ; rougissant de l'ignorance et de la simplicité de ses parents, se trouvant un trop grand personnage pour retourner à la charrue, incapable par sa paresse d'embrasser aucune profession libérale, il n'avait acquis au collége que l'habitude de ne rien faire ; les pauvres gens étaient morts désolés de s'être si cruellement trompés dans leurs rêves ambitieux, et leur fils, après avoir dissipé leur modeste héritage dans les cafés, les billards et les plus mauvaises compagnies, s'était trouvé bien jeune sur le pavé de Paris, avec les passions et les besoins qu'éveille une demi-instruction et aucun moyen de les satisfaire ; il ne lui fut pas difficile de se persuader qu'une société qui ne lui offrait pas une meilleure destinée était bien coupable ; comme tant d'autres, il fit contre elle le serment d'Annibal, travailla de son mieux à la renverser, se mêla aux conspirations, se battit derrière les barricades ; puis, l'ordre revenu, et le gouvernement nouveau, qui voulait ramener un peu de régularité dans les affaires, n'ayant pas cru devoir utiliser ses talents, il s'était vu forcé d'entrer dans la fabrique de M. Martin pour ne pas mourir de faim. Fidèle à son passé, il cherchait à semer et à maintenir l'esprit de révolte parmi les ouvriers, dans l'espérance de s'en faire une armée à la première occasion, et il les dominait à l'aide des souvenirs de sa première éducation et de ce que le frottement des hommes habitués à soulever les masses et à préparer les révolutions lui avait donné d'expérience et de savoir-faire.

Dans cette circonstance, Pierre comprit qu'une attaque aussi directe à la propriété, quelle que fût son issue, compromettrait fortement les agresseurs, et qu'il n'était pas permis tous les jours de jeter dans la rivière les archevêchés et même les châteaux. Il savait d'ailleurs que, parmi ces soldats si audacieux à cette heure, bien peu persévéreraient dans leur audace, et qu'au bout de quelques moments, ils reculeraient à peu près tous devant la violence des moyens ; il résolut donc de les engager dans le désordre par un expédient moins dangereux.

« Mes amis, dit-il à ses camarades, pas d'excès, pas de violences ; nous avons pour nous le droit, mettons-y la modération ; ne brisons, ne démolissons rien ; il s'agit seulement de nous assurer qu'il n'y a pas ici de conspirateurs, de ces hommes qui ont voulu renverser le gouvernement, et mettre la France à feu et à sang. Rien n'est plus facile : présentons-nous au château avec calme et même poliment, demandons à visiter les appartements ; si on nous satisfait, nous nous retirerons après la visite, contents de n'avoir pas trouvé de coupables ; si on refuse, nos ennemis se trahiront eux-mêmes, nous saurons à quoi nous en tenir et nous verrons ce que nous aurons à faire. »

L'avis fut approuvé, chacun se remit à l'ouvrage, et il fut convenu qu'immédiatement après le dîner, on se réunirait sur le pont qui conduit de l'usine au village, pour de là monter au château et procéder à la visite domiciliaire.

A la sortie de l'atelier, Joseph, au lieu d'aller prendre sa soupe, accourut chez le maître d'école, avec lequel il était en bons rapports, et lui raconta, tout ému, l'expédition qui se préparait. Le magister en frémit, il ne connaissait d'émeutes que celles de sa classe, et son martinet en faisait prompte justice; mais contre cette révolte d'une nature plus formidable, il ne savait que faire, et il lui parut prudent d'aller prendre l'avis du curé, qu'il consultait maintenant dans toutes les affaires difficiles, et d'avertir le château. Le curé conseilla d'abord d'en appeler à l'autorité municipale, mais elle n'existait plus; le maire avait été destitué, et on n'avait encore trouvé personne pour le remplacer; l'adjoint, vieux bonhomme, ne sachant ni lire ni écrire, ne pouvait dire deux mots de suite : son intervention aurait provoqué le rire sans arrêter le mal; la gendarmerie était loin, au chef-lieu de canton, et le village tout entier aurait eu le temps d'être réduit en cendres avant qu'un gendarme eût pu accourir. Dans cette absence de toute protection, le curé eut l'idée d'aller au-devant de l'émeute, de chercher à détourner le torrent de son cours, et, s'il ne réussissait pas, d'exciter les paysans à lui faire obstacle; mais le maître d'école le supplia de n'en rien faire : «A quoi mènerait cette démarche? lui dit-il; ces ouvriers ne vous connaissent pas, ils vous en veulent autant qu'au château, et vous accusent d'être d'accord avec lui; votre vue ne fera que les irriter davantage; ils sont capables, montés comme ils sont, de se jeter sur notre pauvre église, et une fois la destruction commencée, où s'arrêteront-ils? le village y passera peut-être. En ce moment, ils ne demandent qu'une chose : s'assurer que personne n'est caché au château; le plus sage est de leur en ouvrir la porte; ils ne trouveront rien, cette visite les calmera, et le premier moment sauvé, la raison reprendra le dessus; le mieux, voyez-vous, est de laisser faire ce qu'on ne peut empêcher, la résistance amènerait encore pis. Quant au village, je me chargerai de l'appeler, si cela est nécessaire ; mais je le connais trop pour compter sur lui. » Le curé ne se rendait pas, il lui semblait que son devoir l'appelait au-devant du danger, et qu'il y avait une sorte de lâcheté à ne pas s'offrir aux premiers coups. A la fin, il céda à la considération sur laquelle revenait sans cesse M. Leroy; il craignit d'exaspérer des gens déjà hors d'eux-mêmes et de devenir le prétexte d'excès plus redoutables; il n'aurait pas reculé devant le péril; mais il eut pitié de ces exaltés, que son intervention pouvait changer en criminels, et, au lieu de marcher vers l'usine, il prit en hâte le chemin du château.

Le bruit de la perquisition y était déjà parvenu, et l'on voyait, à la physionomie des domestiques, à leur conversation à voix basse, que quelque chose de grave se préparait ; le curé lui-même, en entrant, était fort ému. Au milieu de toute cette agitation, une seule physionomie était calme, un seul cœur ne battait pas plus vite qu'à l'ordinaire. Mme de Lanoy était seule lorsqu'on lui annonça la visite domiciliaire ; ses filles étaient allées passer quelques jours chez une de leurs parentes : elle demanda si cette visite devait se faire par ordre de l'autorité. Ayant appris que rien n'était venu de la sous-préfecture ni du parquet : « C'est bien, avait-elle dit, que l'on ferme les portes et que l'on demande à ceux qui se présenteront l'ordre qui les autorise ; s'ils le montrent, toutes les portes leur seront ouvertes, sinon je ne céderai pas. Il ne sera pas dit qu'il suffira de la menace de gens sans aveu pour que je leur laisse violer mon domicile. Je sais que c'est l'usage aujourd'hui de céder à l'émeute et que la force a raison ; mais il y aura au moins quelqu'un qui saura résister jusqu'au bout et montrer comment on doit défendre son droit. »

L'abbé Thévenot trouva Mme de Lanoy dans cette disposition ; il épuisa les raisonnements, multiplia les prières pour la faire changer d'avis; il lui exposa l'impossibilité de la résistance, les dangers du refus, toutes les raisons qui l'avaient convaincu lui-même; il invoqua l'intérêt du château, de l'église, du village; appela à son secours le souvenir des enfants absents. Tout fut inutile, la comtesse resta inébranlable : « Je suis touchée de vos instances, Monsieur le curé, lui répondit-elle, et dans d'autres temps j'y aurais peut-être cédé ; mais aujourd'hui je dois à ma conscience, à mon rang, à ma naissance, de rester ferme devant la menace. Je suis fatiguée de voir ceux que Dieu a placés en haut toujours prêts à descendre, à baisser la tête devant la violence, sous prétexte du danger que l'on court et du mal qu'il faut éviter. On autorise ainsi tous les abandons et toutes les lâchetés, on laisse ternir son écusson, on le traîne dans la poussière et dans la boue; pour moi, je ne suis qu'une faible femme, et je me regarderais comme indigne du nom que je porte si je laissais attenter à mon droit; mes enfants ont surtout besoin de grands exemples, je leur donnerai au moins celui de ne pas reculer devant l'émeute et de résister à l'injustice. Si on venait attaquer votre église, si on voulait dépouiller vos autels et porter un œil et une main sacrilèges sur vos saints tabernacles, vous vous mettriez en travers, vous vous feriez tuer pour les défendre, et je ne vous conseillerais pas de céder. Ma maison, c'est mon sanctuaire. Le domicile d'une famille a aussi sa sainteté, qu'il est impie de profaner. On veut profaner le mien, je dois le défendre, et, s'il le faut, je le défendrai jusqu'à la mort. » Il y avait dans cette réponse et dans la manière dont elle était faite, tant de calme et tant de hauteur, que le curé comprit qu'il n'avait plus rien à dire. Il se retira encore plus inquiet qu'il n'était venu ; il courut aux pieds des autels invoquer le secours de Dieu pour celle qu'il ne pouvait ni convaincre ni protéger, décidé à déployer lui-même pour défendre son église, si elle était attaquée, cette énergie qu'il n'avait pu s'empêcher d'admirer, en la combattant. Après son départ, la comtesse fit fermer toutes les issues, ordonna aux hommes de sa maison de se tenir prêts à répondre à son appel, pendant que les femmes, ne sachant trop où se cacher, déploraient tout bas l'entêtement de leur maîtresse.

Les plus exaltés des ouvriers de l'usine, fidèles au rendez-vous, se trouvent, à l'heure indiquée, au pont jeté sur la petite rivière, chacun armé à sa guise des outils de la fabrique, de barres de fer, de bâtons noueux, quelques-uns même de vieux sabres et de pistolets. Pierre est en tête en qualité de commandant et d'orateur, il forme son bataillon deux par deux en espèce de garde nationale, recommande le silence et la bonne tenue dans les rangs, et se dirige vers le château. Les paysans le regardent passer sans répondre à l'invitation qui leur est faite de se joindre aux combattants, mais sans essayer le moindre effort pour les arrêter ; les meilleurs se contentent de détourner la tête et de gémir en eux-mêmes ; quelques femmes plus hardies et plus reconnaissantes, se rappelant combien, l'hiver dernier, la comtesse avait été bonne pour elles, laissent échapper des exclamations de blâme et de regret ; plusieurs petites filles, deux ou trois vieilles femmes pleurent à la pensée du mal qu'on veut faire à Madame, et les gamins du village suivent de loin pour voir ce qui va se passer là-haut.

La troupe, marchant au pas, traverse la prairie et prend le sentier du château dans un silence qui contraste avec le tumulte des réunions ordinaires de ces soldats improvisés ; on dirait une armée se disposant à l'assaut, ou des agents de l'autorité qui vont remplir une mission confiée par la magistrature. Contre l'habitude, la grille était fermée. Pierre agite fortement la cloche.

« Qui est là ? demande à haute voix un homme sorti de l'intérieur.

— Des citoyens, répond Pierre, qui demandent à entrer pour s'assurer qu'il n'y a pas ici d'ennemis du gouvernement.

— Et de quel droit voulez-vous entrer ?

— Du droit qu'a tout bon citoyen d'arrêter les ennemis de la révolution et du peuple et de les poursuivre partout où ils se cachent.

— Oui, oui, s'écrient plusieurs voix qui commençaient à s'impatienter de ne jouer aucun rôle dans cette affaire.

— Avez-vous ordre de l'autorité ?

— Notre ordre le voilà, répétèrent les mêmes voix, pendant que les sabres, les barres de fer et les bâtons s'agitaient en l'air; qu'est-ce qu'il veut dire avec ses ordres? nous allons t'en montrer des ordres, et si tu n'ouvres pas, tu apprendras tout à l'heure si nous avons à en recevoir de ta comtesse. »

Mais le chef, imposant silence : « Nous ne voulons faire ici aucun mal; nous demandons seulement à visiter le château; une affreuse tentative a été faite à Paris contre la nation, beaucoup de conspirateurs se sont sauvés.

— Il n'y a ici ni conspirateurs ni gens cachés, vous le savez.

— Eh bien, s'il n'y en a pas, qu'est-ce que cela fait à votre maîtresse que nous entrions? Allez donc lui dire ce qu'on lui demande; il ne lui sera fait aucun tort, je réponds de mes hommes, mais il faut nous satisfaire : sans cela, tant pis pour les opposants! »

Au bout de quelques minutes, qui avaient paru bien longues, surtout aux partisans de la paix, car beaucoup espéraient encore une solution pacifique, le messager revint avec la réponse; elle était claire et nette : la comtesse de Lanoy refusait positivement de laisser pénétrer chez elle, attendu qu'aucune loi, aucune ordonnance n'autorisait la violation de son domicile, et elle rendrait responsable devant la justice quiconque oserait porter atteinte à sa propriété; elle priait donc ces messieurs de se retirer, sous peine de se voir traités comme des malfaiteurs et des perturbateurs du repos public.

Cette déclaration et surtout la conclusion qui la terminait mirent le feu aux poudres, et provoquèrent l'explosion que l'espérance d'un traité de paix avait contenue.

« Ah! nous sommes des brigands, des malfaiteurs! s'écria la troupe en chœur, et on nous menace des galères, lorsque nous ne voulons que ce qui est juste et raisonnable : voilà comme on traite le peuple. Eh bien ! on va voir ce qu'il sait faire. En avant les démolisseurs de l'archevêché ! au diable les châteaux et ceux qui les habitent ! »

Entraînés par le mouvement et comme pour se venger de leur déception, les modérés crient le plus fort, les tièdes sont les plus ardents. Se ruant sur la grille à coups de pioches et de barres de fer, faisant des pierres du chemin des machines de guerre, tous commencent une attaque en règle, accompagnée de cris si discordants, d'injures si grossières et de si effrayantes menaces, qu'on eût pu les prendre pour une troupe de démons. Mais la grille était fortement scellée, le château restait muet, portes et fenêtres étaient fermées, personne ne bougeait. Ce silence, cette immobilité, opposés à tant de bruit et de mouvement, ajoutent à la colère des assaillants, et voyant que la grille ne cède pas, ils s'attaquent aux piliers qui la soutiennent ; ceux-ci ne font pas longue résistance, chaque coup entame la maçonnerie, ébranle une pierre, et bientôt l'un des piliers, miné par la base, chancelle et en s'abattant couvre de ses débris la cour du château : la troupe s'élance par la brèche en poussant un cri de triomphe. En un instant la cour est envahie ; Pierre alors reforme son bataillon, lui ordonne de ne pas bouger avant son signal, s'approche du château, suivi de deux de ses acolytes, frappe de sa barre de fer les contrevents de la porte d'entrée et crie d'ouvrir, ou que sans cela on va tout briser.

A ce moment la porte s'ouvre, et la comtesse s'avançant sur le perron, au pied duquel étaient rangés les ouvriers : « Que voulez-vous? » leur dit-elle d'une voix haute.

Il y avait dans son maintien tant de majesté, dans son regard tant d'énergie, dans son accent une telle puissance, que chacun resta comme frappé de stupeur; les armes tombèrent, il se fit un grand silence, et plusieurs portèrent involontairement la main à leurs chapeaux et se découvrirent.

« Que voulez-vous, répéta-t-elle, et de quel droit venez-vous enfoncer des portes, violer un domicile et mériter d'être poursuivis par la justice? car il y a des lois, même aujourd'hui, contre les hommes qui font ce que vous venez de faire.

— Madame, répondit Pierre, fort empressé de combattre l'effet produit par l'apparition de la comtesse, nous ne sommes venus ici ni en brigands ni en malfaiteurs, mais en représentants, en amis du peuple, qui ne veulent pas permettre qu'on abuse de sa tolérance pour l'a mener ce qu'il a chassé ; je vous l'ai déjà fait dire et vous le savez mieux que nous, il y a eu à Paris une tentative de contre-révolution : la force du peuple l'a réprimée et punie ; mais les auteurs de cet attentat sont en fuite, et nous avons de bonnes raisons de croire qu'il y en a de cachés ici, nous voulons nous en assurer ; encore une fois, vous n'avez rien à craindre de notre part, nous respecterons tout ce qui vous appartient ; mais nous avons le devoir de veiller sur le triomphe du peuple : c'est notre bien à nous, c'est notre seule propriété ; nous empêcherons qu'on y porte la main ; nous demandons à faire ce qu'on a fait à Paris ; notre droit c'est la révolution, et nous l'exercerons en dépit de toutes les résistances.

— Je ne reconnais pas le droit de l'émeute et de la violence, répondit avec calme Mme de Lanoy. La loi déclare que je suis maîtresse chez moi, que je puis ouvrir et fermer ma porte à qui il me plaît, et je la refuse à des gens qui veulent y entrer les armes à la main. Vous dites que vous agissez au nom du peuple, vous le calomniez : le vrai peuple, le peuple honnête, bon, laborieux, ne déserte pas de ses ateliers, ne quitte pas son travail pour aller, sous prétexte de je ne sais quelle ridicule conspiration, attaquer une femme seule, briser ses portes, démolir ses murs et dévaliser sa maison. Il y a en France un gouvernement que vous avez reconnu vous-mêmes ; j'en appelle à son autorité, à ses lois, contre l'attentat que vous voulez commettre.

— Ce gouvernement, vous ne le reconnaissez pas, parce qu'il est le nôtre, s'écria Pierre avec colère ; nous agissons pour lui ; votre résistance nous dit assez ce que cache ce château que vous fermez si bien, mais nous ne nous payerons pas de toutes ces belles paroles : votre grille ne nous a pas arrêtés, votre porte ne nous arrêtera pas davantage. »

Le ton menaçant dont l'ouvrier prononça ces derniers mots fit perdre patience à un des domestiques, qui, dès le commencement du débat, s'étaient placés derrière Mme de Lanoy ; ils étaient tous dévoués à leur maîtresse, mais l'un d'eux, qui avait servi avec son mari et lui avait juré, à son lit de mort, de ne jamais la quitter, avait pour elle un attachement sans bornes ; il ne put se contenir, malgré les recommandations de prudence qui lui avaient été faites avant l'action, et, dirigeant sur l'orateur le fusil qu'il avait à la main :

« Un pas de plus, et tu es mort, s'écria-t-il ;

canailles, vauriens, misérables, ajouta-t-il, reculez, ou je vous brûle comme des chiens.

— Que le sang ne coule pas à cause de moi ! lui dit la comtesse, en le remerciant d'un regard et en lui faisant déposer son arme ; d'ailleurs vous le voyez, ils entendent raison, ils se retirent, cette pitoyable scène va finir. »

En effet, les ouvriers, qui n'avaient pas été insensibles aux paroles de la comtesse et à l'éloquence de l'ancien soldat, s'étaient rapprochés de la grille, et paraissaient incertains de ce qu'ils devaient faire. Plusieurs penchaient vers la retraite, inquiets de l'exercice de ce prétendu droit que les tribunaux pourraient bien ne pas accepter, et se trouvant déjà bien compromis par leur première victoire. Ils avaient cru marcher à une sorte d'escapade, à une espièglerie sans résistance ; ils s'étaient amusés d'avance à l'idée de parcourir en maîtres le château, où ils n'étaient jamais entrés, de faire sentir une fois leur autorité dans un monde qui les méprisait ; mais ils n'avaient jamais pensé qu'il faudrait aller jusqu'à la violence et au sang, et le brisement de la grille avait été pour eux le produit d'un de ces excès inévitables dans les réunions de ce genre, mais dont ils commençaient à se repentir. Ils se demandaient ce qui leur reviendrait de toute cette bagarre, et auraient volontiers voté pour le départ, si quelqu'un avait osé le mettre aux voix. Pierre connaissait le peuple. Il savait quel ridicule retomberait sur l'auteur de l'entreprise, et que son influence serait à jamais perdue, si l'affaire n'était menée à bonne fin. Il fit signe à deux hommes qui lui servaient de lieutenants ; ceux-ci, étrangers au pays, inconnus même aux ouvriers, et arrivés depuis peu de Paris, n'avaient cessé de vanter leurs hauts faits derrière les barricades, et depuis le commencement s'étaient prononcés pour les mesures les plus énergiques.

« Aurons-nous peur, s'écrièrent-ils, de deux ou trois coups de fusil, nous qui avons fait reculer des régiments, et nous laisserons-nous mettre en fuite par une vieille femme ? Allons donc, camarades, ce serait une honte ! »

Et poussant en quelque sorte la troupe hésitante, prenant par le bras les plus timides, excitant ceux qui restaient en arrière, ils eurent bientôt reformé l'attaque. Une fois en marche, le bataillon ne s'arrêta plus. En un instant les domestiques, qui, à la vue de l'agression nouvelle, s'étaient jetés sur les degrés en avant de leur maîtresse, furent entraînés, culbutés, mis hors de combat. Mme de Lanoy seule resta libre et debout, rien ne la séparait plus des assaillants.

« Au nom de Dieu, retirez-vous, s'écria Pierre, lui montrant le poing et l'écume à la bouche, ou je ne réponds plus de rien.

— Non, je mourrai plutôt ici ! » dit-elle.

Et se mettant à travers la porte, elle lui faisait un rempart de son corps et semblait la couvrir de son énergie. Déjà l'ouvrier avançait la main pour la saisir et s'ouvrir un passage, lorsqu'un bruit soudain arrêta son mouvement et lui fit détourner la tête : deux hommes s'élançaient de toute la vitesse de leurs chevaux dans l'avenue du château, ils étaient couverts de sueur et de poussière, leurs uniformes et leurs armes brillaient comme des éclairs à travers le nuage ; avant qu'on eût eu le temps de les reconnaître, Pierre et ses acolytes roulaient aux pieds du perron, et la foule des assaillants reculait épouvantée : car ces deux hommes, le sabre au poing, la fureur dans les yeux, semblaient une apparition vengeresse, et Mme de Lanoy, étendant ses bras, s'était écriée : « Mon fils ! »

Sans avoir la prétention, suivant la mode actuelle, d'expliquer l'action de la Providence dans tous les événements humains et de lui prêter nos idées, quand le plus souvent elle nous cache les siennes, il était permis de reconnaître sa main dans le secours qu'un fils venait si à propos d'apporter à sa mère.

Lucien, ayant obtenu une permission de quelques jours, était parti de La Fère, où il tenait garnison, accompagné de son artilleur, enfant du même village; et tous les deux cheminaient sur la grande route, ménageant leurs montures et se réjouissant, chacun à son point de vue, du repos et de la liberté qui les attendaient. A mesure qu'ils approchaient du pays, ils pressaient le pas de leurs chevaux, et ils atteignaient déjà la limite de la commune, à peu près à une demi-lieue du château, lorsque Lucien reconnut un paysan qu'il avait vu travailler dans les jardins de sa mère. Celui-ci parut tout ébahi de le voir, et comme le lieutenant lui demandait s'il y avait quelque chose de nouveau au village :

« Ah! monsieur Lucien, s'écria-t-il d'un air triste et confus, n'ai-je pas vu ces coquins d'ouvriers de l'usine, armés de bâtons et de sabres, qui disaient comme ça qu'ils allaient chercher au château des conspirateurs, et leur faire un mauvais parti! »

Lucien ne lui avait pas laissé le temps d'achever; il avait enfoncé les éperons dans le ventre de son cheval, et, criant à son artilleur de le suivre, il s'était élancé à bride abattue, et était arrivé à temps pour épargner à sa mère le plus sanglant affront.

Le cri de Mme de Lanoy l'avait fait reconnaître ; les domestiques, laissés libres par l'étonnement et l'effroi de ceux qui les retenaient, se jetèrent alors sur Pierre et ses deux compagnons, encore étourdis de leur chute ; la troupe des ouvriers, à la vue de ces hommes armés qu'ils étaient loin d'attendre, et de la déconfiture de leurs chefs, se hâtèrent de fuir dans toutes les directions, poursuivis par les injures et les malédictions des gens du château et les huées des gamins, qui s'étaient fort divertis de ce qui venait de se passer, et qui, suivant l'usage de tous les gamins du monde, applaudissaient à la défaite de ceux dont ils auraient célébré la victoire. Les plus agiles de ces spectateurs bénévoles ne s'en tinrent pas là ; ils coururent au village raconter, dans les termes les plus pittoresques, l'attaque du château, l'arrivée du jeune officier, la grande déroute des démolisseurs, et appelèrent tous les habitants à la poursuite des bandits ; l'un d'eux, trouvant la porte de l'église ouverte, sonna le tocsin ; et bientôt les paysans, que le maître d'école n'avait pu jusque-là réveiller de leur apathie, se mirent en mouvement à la nouvelle que le lieutenant était là-haut, et arrivèrent sur le champ de bataille, pioches et fourches à la main; ils n'y trouvèrent plus que Pierre et ses deux complices tenus à terre, pâles, blêmes, pouvant à peine respirer et demandant grâce. Dans leur ardeur guerrière et pour racheter la lenteur du secours, ils se montraient disposés à faire payer cher aux ennemis vaincus leur malencontreuse agression. Mais Mme de Lanoy les remercia de cette tardive bonne volonté, et ordonna la mise en liberté des trois prisonniers. Ceux-ci s'éloignèrent la honte sur le front et la rage dans le cœur, pendant que le village tout entier saluait le jeune officier de ses acclamations, et criait à tue-tête : « Vive madame la comtesse! A bas les brigands! »

Mme de Lanoy oublia bien vite les émotions de la journée auprès de son fils, si tendre et si heureux de retrouver sa mère. Elle se hâta d'envoyer, à quelques lieues de là, chercher ses filles, pour que la nouvelle de l'attaque ne leur arrivât pas avant celle de la délivrance. Le dîner, auquel le curé fut convié, se passa très-gaiement. Lucien dut quitter plusieurs fois la table, pour répondre aux témoignages d'affection des paysans, qui l'appelaient à la fenêtre et à qui on avait donné de quoi boire largement à sa santé.

Il est inutile de dire comment fut accueilli et traité l'artilleur; il était, après Lucien, le héros de la journée. Il aimait beaucoup son lieutenant, et se fit écouter de tous, en racontant comme il avait soin de ses soldats, comme la troupe le portait dans son cœur, et quelle belle réputation il avait déjà dans l'armée. La nuit était très-avancée, que l'on buvait encore à la gloire de l'artillerie, et que l'on s'extasiait sur les incidents de la bataille.

A mesure que se vidaient les bouteilles, les têtes se montaient, les narrations devenaient plus animées, les actions d'éclat se multipliaient, et dans cette iliade dont chaque héros se faisait l'Homère, le combat prenait des proportions si gigantesques et si meurtrières, qu'à l'heure de la retraite le village tout entier n'aurait pas suffi pour ramasser les blessés et ensevelir les morts.

Ce soir-là, on ne vit pas beaucoup de vaincus sur la place et dans les rues, et il ne se fit pas beaucoup de bruit autour de la fabrique; le plus grand nombre étaient fort peu satisfaits de leur campagne et portaient bas l'oreille; ils passèrent une partie de la nuit sans sommeil; ils se sentaient coupables, et pensaient avec terreur au compte que la justice allait leur demander le lendemain; quelques-uns, plus avancés, n'éprouvaient que le regret de n'avoir pas réussi. On s'accusait mutuellement, les uns d'avoir eu trop, les autres de n'avoir pas eu assez d'audace ; on ne s'accordait que pour maudire le chef de l'entreprise, qui se tenait prudemment à l'écart, pour échapper à la première explosion du mécontentement général. Toutefois, on ne put jamais ôter de l'esprit de plusieurs que le château était rempli de chevaliers du Poignard ; l'un d'eux assura que, pendant la démolition de la grille, il avait vu des milliers de têtes et des multitudes d'yeux à travers les fentes des volets et des portes, et que plus de mille fusils étaient braqués par les lucarnes et les soupiraux des caves, au moment où l'enragé d'officier avait jeté si loin Pierre et ses lieutenants.

Le lendemain, les gendarmes arrivèrent pour dresser les procès-verbaux, entendre les dépositions et mettre la main sur les coupables ; mais Mme de Lanoy ne voulut pas déposer de plainte ; elle écrivit au procureur du roi, et obtint que l'affaire n'aurait pas de suite.

La semaine suivante, les piliers étaient debout, la grille scellée ; le village et l'usine avaient repris leur physionomie accoutumée ; seulement, pendant leur enquête, les gendarmes avaient demandé les papiers des deux héros de Paris qui avaient si glorieusement figuré dans la visite domiciliaire. On découvrit que ces combattants de juillet ne s'étaient jamais battu qu'avec la justice ; et, comme il leur restait encore un compte arriéré à régler avec elle, les gendarmes les prièrent de venir avec eux, et se chargèrent de leur obtenir la récompense à laquelle avaient droit leurs belles actions.

Le congé de Lucien passa vite, comme passent les moments heureux de la vie ; les ennuis, les travaux, les distractions fatigantes de la garnison, lui faisaient trouver plus douce et plus précieuse la sainte communauté de la famille. Sa mère et ses sœurs rivalisaient à qui lui serait plus affectueuse et plus aimable, et cette fois la convention tacite d'éviter toute discussion irritante pendant ce temps trop court fut si bien tenue, que l'harmonie ne fut pas un instant troublée. Si quelquefois un mot de politique se glissait dans la conversation à la suite de la lecture d'un journal ou d'une lettre venue de Paris, on se trouvait d'accord, sinon dans les affections, au moins dans les antipathies : car le jeune officier, toujours impatient de progrès, ne se sentait aucun goût pour le régime du moment, qui essayait d'arrêter la logique de la révolution et mettait sa gloire à résister aux idées dont il était sorti; la trêve est facilement conclue, quand les deux camps sont disposés à combattre le même ennemi. D'ailleurs l'émeute qu'il venait de réprimer avait laissé quelques doutes dans l'esprit de Lucien, non sur l'excellence de la liberté, mais sur l'usage que peuvent en faire des hommes livrés sans contre-poids aux déclamations des patriotes de bas étage.

Une seule lutte fut sérieuse et suivie. Lucien était alors fort occupé de ces systèmes qui ont eu leurs jours de faveur parmi la jeunesse, et dont plusieurs de ses camarades de l'École polytechnique s'étaient fait les apôtres et désiraient presque être les martyrs. Il étudiait les doctrines de Saint-Simon et de Fourier, chargées de remplacer le christianisme, que l'on croyait mort, et c'est sur ces réformateurs qu'il entama une discussion avec le curé. Celui-ci accepta le débat. Tout en faisant son étude principale de la théologie catholique, il avait eu soin de se tenir au courant de tous les travaux de ses adversaires et du mouvement des idées qu'on lui opposait; il put donc lutter avec le lieutenant d'artillerie, qui, lui-même, dans ses loisirs de garnison, avait préféré des lectures sérieuses aux mauvais romans et aux pièces de théâtre. La première fois que la comtesse vit cette discussion s'élever entre le curé et son fils, elle en fut effrayée; ses anciennes terreurs la reprirent; mais l'abbé Thévenot lui fit comprendre qu'il y avait là, de la part de Lucien, un véritable progrès.

« Loin de vous chagriner de ses recherches, lui dit-il, et de l'intérêt qu'il prend à tous ces systèmes, il faut y voir un heureux symptôme; cette disposition à chercher la vérité, même où elle n'est pas, vaut mille fois mieux que l'indifférence, qui ne discute pas, qui ne poursuit rien et se complaît dans son néant.

Mme de Lanoy, qui avait déjà reconnu, en plus d'une circonstance, la sagesse et la pénétration de son curé, se laissa convaincre, et lorsqu'elle voyait l'officier s'approcher du prêtre, elle avait soin de s'éloigner ou de paraître occupée d'autre chose. Grâce à cette prudente manœuvre, la conversation ne dégénéra jamais en dispute : car Lucien apportait autant de bonne foi et de politesse que le curé de modération et de tact; et à la fin du congé, si leurs idées n'étaient pas d'accord, au moins leurs âmes s'étaient unies par les liens d'une estime et d'une sympathie mutuelles. En se disant adieu, ils se félicitèrent cordialement des rapports qu'ils avaient eus ensemble, et se promirent de les renouveler le plus souvent possible.

V

Le Presbytère.

Lorsque, dans l'Évangile, le Sauveur du monde parcourt les campagnes, suit avec ses disciples les sentiers qui traversent les blés, prêche les paysans des environs de Jérusalem, et, pour se faire comprendre d'eux, emprunte ses images et ses paraboles aux choses qui leur sont familières, à la semence inégalement tombée, à l'ivraie mêlée au bon grain, au figuier stérile, aux moissons jaunissantes, au lis plus éclatant que Salomon dans toute sa gloire, et surtout aux brebis, pour lesquelles le bon pasteur donne sa vie et qu'il enlève aux loups ravissants, il est le modèle du curé de campagne dans une paroisse véritablement chrétienne. Ainsi que le Seigneur dans la première partie de sa mission sur la terre, le curé annonce aux petits et aux pauvres la bonne nouvelle, porte la consolation et l'espérance aux malades, nourrit les peuples affamés du pain de la charité et de la parole divine. La multitude l'écoute, l'aime et l'admire, et chacun de ses pas est entouré d'une vénération filiale et d'une respectueuse familiarité. Son église est toujours trop petite ; ses leçons et ses conseils sont reçus comme venant du Ciel. Le presbytère est vraiment la maison du bon Dieu, où le riche apporte l'aumône, où le pauvre vient la chercher ; et par l'influence toujours acceptée du pasteur, les querelles s'apaisent, les procès s'évitent, l'harmonie revient dans les familles, et la paix entre les voisins. Sa vie, il est vrai, est laborieuse comme celle du Sauveur, elle ne lui appartient plus ; son temps est à la disposition de toutes les consciences, comme sa bourse de toutes les misères ; on frappe à sa porte à toute heure ; le jour, la nuit, par tous les temps, par toutes les saisons, il lui faut être sur les routes, surtout dans les grandes paroisses de la Bretagne et de la Vendée : car ni les malades ni leurs familles n'attendent la dernière heure pour aller chercher le médecin de l'âme, et souvent on le fait appeler de bien loin pour des maux sans importance et des souffrances sans danger ; mais la fatigue ne lui pèse pas; il sait que sa présence va calmer des alarmes, soulager des douleurs, ouvrir peut-être à un mourant la porte du ciel, que Dieu lui tiendra compte de chacun de ses pas, et que même sur cette terre sa peine sera payée par la reconnaissance pendant sa vie, et, quand il ne sera plus, par un bon souvenir et de ferventes prières.

Mais lorsque, s'éloignant de ces terres chrétiennes, on arrive aux régions mornes et glacées où règne l'indifférence et d'où s'est retirée la foi, la mission du curé prend un autre caractère; sa vie est encore la représentation de celle de son Maître; c'est bien le Christ, mais le Christ dans les derniers jours de son passage sur la terre, dans les souffrances et les angoisses de sa passion. L'existence du curé d'un village qui ne va pas à l'église, s'écoule au milieu des hostilités, des calomnies et des tortures. Il semble qu'il soit un reproche vivant et comme un remords que l'on veut étouffer à tout prix. Il est en butte à toutes les malveillances, en proie à toutes les morsures; ses intentions sont méconnues, ses paroles altérées, le bien qu'il fait lui est imputé à crime, il passe par toutes les épreuves qui ont assailli le Sauveur, et si, à son exemple, il est dévoré de la soif de sauver les âmes, s'il est enflammé d'amour pour ceux qui le persécutent, il boit jusqu'à la lie le calice d'amertume, en entendant la multitude lui préférer quelque Barabbas et crier : Qu'on le crucifie ! Il arrose plus d'une fois son jardin solitaire de larmes douloureuses et d'une sueur de sang. Le curé de B. ne tarda pas à en faire la cruelle expérience. Son évêque ne l'avait pas trompé : la terre livrée à ses travaux était aride, et le moment n'était pas favorable pour la cultiver.

Les révolutions ne passent pas impunément sur des populations ignorantes et sans boussole ; lors même qu'elles paraissent sans action à la surface, elles laissent après elles des impressions et des idées qui ne tournent jamais au profit des bonnes influences ; il suffit alors de l'impulsion d'un homme ou d'un événement pour rendre le mauvais vouloir actif et changer l'indifférence en persécution. Le voisinage de la fabrique commençait à porter ses fruits. Pierre, en employant certaines manœuvres qu'il trouvait dans ses souvenirs, avait bientôt repris sur les ouvriers son ascendant un instant compromis par l'expédition manquée, et comme il n'aimait pas trop à parler du château, crainte de réveiller les sarcasmes et les reproches, il s'était rejeté sur le presbytère et ne perdait aucune occasion de monter l'esprit de l'atelier contre le clergé, tantôt avec une chanson, tantôt avec une anecdote scandaleuse, d'autres fois à l'aide d'un article de journal. Toutes ces histoires, colportées par la malice et répétées par l'oisiveté, arrivaient aux paysans. Ceux-ci, à force de s'en amuser, finissaient par les croire, et, malgré une prévention naturelle contre ce qu'ils appelaient les Parisiens, se laissaient peu à peu gagner par des influences qui flattaient leurs malins penchants. Car, ainsi que l'avait dit le maître d'école, c'était une vieille habitude à B. de faire la guerre au presbytère et de traiter le curé en ennemi. Aussi, quoique depuis son arrivée l'abbé Thévenot eût beaucoup fait pour sa paroisse, les bonnes dispositions des habitants n'avaient pas longtemps survécu à ses premières visites. Après avoir tant reproché à son prédécesseur son inaction, ils accusèrent celui-ci de vouloir trop s'occuper de leurs affaires, et, sous l'inspiration du nouveau maire qu'on avait enfin découvert dans une des fermes du voisinage, ils commencèrent à vouloir renfermer le curé dans son église et à lui faire un reproche de tout ce qu'il essayait pour y attirer les autres.

Rien n'importe plus au bon gouvernement

de la société que l'entente entre l'Église et l'État; à cette époque elle n'était ni très-cordiale ni très-intime ; mais la lutte entre les deux puissances n'est jamais plus malfaisante que dans une petite paroisse, qui devient alors un champ de bataille où se déchaînent les passions, les préjugés et les ignorances, au grand détriment de la foi et des mœurs. Le maire nouveau était de ceux qui croyaient que le triomphe de la liberté devait surtout se manifester par l'affaiblissement de l'autorité sacerdotale, et que toute victoire remportée contre le prêtre était un progrès. Il ne lui fut pas difficile d'entraîner dans cette voie le conseil municipal et la majorité des paysans, qui, dans leur amour exclusif de la terre, trouvaient que la ferme devait toujours l'emporter sur le presbytère; dès lors, aucune chicane, aucune contrariété, ne furent épargnées au charitable pasteur. Le déplacement d'un banc dans l'église, d'une croix dans le cimetière, l'organisation de la fabrique, la surveillance de l'école, tout devint matière à disputes; à chaque conflit, le curé, malgré sa douceur et sa modération, avait le dessous, et on l'accusait d'avoir provoqué le débat dont il était l'innocente victime.

Un fâcheux incident vint encore ajouter à la

malveillance du maire et à l'hostilité générale. Un malheureux s'était suicidé. La mort n'ayant pas été instantanée, le curé avait tout fait pour parvenir jusqu'à lui et lui porter les derniers sacrements; mais cet homme, avec une obstination dont rien n'avait pu triompher, avait refusé de le recevoir, et comme, à la sollicitation de sa pauvre mère qui ne se résignait pas à le voir mourir dans son impénitence, le curé s'était présenté de nouveau, lorsqu'on le croyait au moment d'expirer, la haine du moribond avait éclaté en injures et en menaces devant ses parents et un grand nombre de ses voisins, et il était mort en blasphémant. Cette fin criminelle avait eu une si grande notoriété, qu'il était impossible d'accorder la sépulture chrétienne ; d'ailleurs l'autorité diocésaine, avertie du scandale, l'avait expressément défendu. Le maire prétendit qu'il en serait autrement, et assura aux parents que le curé, bon gré mal gré, recevrait le corps à l'église. En vain, on lui objecta l'ordre de l'évêché, la loi canonique et la volonté même du défunt, qui avait déclaré publiquement qu'il entendait n'avoir aucun rapport avec les prêtres, ni pendant sa vie ni après sa mort. Le magistrat municipal insista, et, ne pouvant vaincre la conscience du curé, il ordonna que le corps fût présenté à l'église, en fit ouvrir les portes et commanda à deux ou trois enfants de chœur de réciter les prières. Revêtu de son écharpe, il se mit lui-même à la tête du convoi, le conduisit en grande pompe au cimetière, et là, se faisant l'organe, dit-il, de l'indignation universelle, il déclama avec une éloquence fulminante contre l'intolérance que la mort même ne fléchissait pas, et déclara que les prières des bons habitants accourus de toutes parts seraient plus agréables à Dieu que celles d'un prêtre sans charité.

Le pauvre curé baissa la tête. On lui conseilla de se plaindre : il ne voulut pas appeler la justice au secours de son ministère, mais sa mansuétude ne désarma personne. Le maire, outré qu'on eût osé lui résister, avait juré qu'il le ferait partir; il persuada à ses administrés qu'il y avait au presbytère un homme dont il fallait se débarrasser à tout prix, et il fit prévaloir dans la commune un système de dénigrement acharné, qui est la persécution des faibles et la tyrannie des impuissants. Le curé ne pouvait plus faire un pas, dire une parole, qui ne fût une arme contre lui. Lorsqu'il allait voir un malade à l'extrémité, seul moment où les portes lui fussent encore ouvertes, si sa parole avait réveillé une conscience longtemps endormie et animé d'une salutaire et sainte émotion la dernière heure, on prétendait que l'excès de son zèle avait amené la crise fatale, et que, par imprudence, il avait tué le mourant. S'il recevait un confrère, c'était pour se divertir en cachette ou méditer ensemble un mauvais coup. Si, pour une cause indispensable, il quittait un instant la paroisse, des zélés qui n'avaient jamais recours à lui se plaignaient qu'il était toujours absent. Ses charités favorisaient la paresse, son indulgence était un encouragement au mal; on allait chercher des griefs jusque dans ses prônes inspirés par la plus ardente charité, et chaque dimanche il se trouvait des gens qui colportaient, en les dénaturant, ses explications de l'Évangile.

Les prédicateurs sont, au village comme à la ville, exposés à un grand danger : la parole écrite demeure, dit-on, et accuse; celle qui n'est que prononcée vole et ne laisse pas de traces entre les mains des malveillants; mais elle leur est livrée sans défense, ils en font ce qu'ils veulent; ils y ajoutent, y retranchent, l'altèrent, la modifient suivant les besoins de leur haine, et aucun texte n'est là pour les convaincre d'infidélité et de mensonge; même sans nulle mauvaise intention rien n'est plus mal entendu et compris qu'un discours. On prête sans cesse et de très-bonne foi à l'orateur ce qu'il n'a pas voulu dire. Que sera-ce lorsqu'il y aura parti pris contre lui? un mot, un geste, une intonation, deviendra alors un sujet d'accusation ; s'il ne fallait à un grand politique que deux lignes écrites pour faire pendre un homme, deux paroles suffiraient pour le faire lapider. Dans la chaire de l'abbé Thévenot, tous les textes de la sainte Écriture paraissaient des injures à ses paroissiens : la parabole du mauvais riche devenait une attaque et un appel à la révolte contre les fermiers et les gens à leur aise, et un jour qu'il avait condamné le travail du dimanche et montré le danger de s'attirer la colère de Dieu par la transgression de sa loi, le bruit se répandit qu'il avait exprimé le vœu que la récolte fût mauvaise et que les pauvres n'eussent pas de pain.

Comme il arrive trop souvent, les paysans lui en voulaient d'autant plus qu'il avait plus à se plaindre d'eux, et chacun de leurs nouveaux torts aggravait son impopularité.

Le bon prêtre souffrait de ces injustices, il n'en murmurait pas. Il ne se lassait pas de courir après ses brebis. Seulement, hélas! lorsqu'il en poursuivait une, il n'avait pas la consolation d'en laisser quelques-unes au bercail, il se fatiguait inutilement après tout le troupeau. Quand il ne pouvait plus agir, il priait, espérant que sa résignation profiterait à ceux qui le faisaient souffrir, et qu'à force de douceur et de patience, il ramènerait à Dieu ces esprits qu'il voulait toujours voir plutôt égarés que méchants. Il consolait lui-même le vieux maître d'école : celui-ci, seul de tout le village, lui était resté fidèle, et ne pouvait contenir son indignation à la vue de tant d'ingratitude : « Je les savais intéressés, égoïstes, s'écriait-il à chaque nouvelle agression ; mais je ne les croyais pas si mauvais. Quelle honte pour la paroisse que de tourmenter de cette façon un homme si digne, si charitable, qui ne cherche qu'à leur faire du bien ! et penser que M. le maire, un homme qui a dû recevoir de l'éducation, qui devrait donner l'exemple, est à la tête des perturbateurs ! Oh ! bien sûr, Monsieur le curé, le bon Dieu punira ces gens-là ; vous verrez qu'il les traitera un jour comme Jérusalem ; il leur fera voir, avant le temps, la fin du monde ; ces champs qu'ils aiment tant seront couverts de pierres et de ronces, cet argent auquel ils sacrifient tout se fondra dans leurs mains comme dans une fournaise; ils apprendront alors ce que c'est que de maltraiter l'envoyé du Seigneur!

Le curé grondait son maître d'école de cette colère qu'il était si loin de partager, imposait silence à ses malédictions bibliques, le suppliait de ne pas se compromettre par une trop grande partialité en faveur de l'Église, et ne cessait de lui répéter que, par cela seul qu'ils étaient plus faibles et plus faciles à mettre dans le mauvais chemin, ses paroissiens avaient plus besoin que d'autres d'indulgence et de miséricorde.

Mais un dernier coup vint faire une blessure si douloureuse à l'âme du pasteur qu'il en ébranla l'admirable sérénité. Il avait réuni avec un soin paternel les enfants de sa paroisse; il les avait pris tout petits pour que le mal n'ait pas encore eu le temps de les corrompre; il leur faisait plusieurs fois par semaine le catéchisme et ne négligeait rien pour faire entrer la vérité et la charité dans ces intelligences peu ouvertes à l'enseignement et ensevelies dans la matière. Afin de les accoutumer à l'église, il se mettait à leur portée, partageait leurs récréations, s'entretenait avec eux de leurs petits intérêts; c'était là qu'il concentrait toutes ses espérances et qu'il apercevait dans l'avenir la compensation de la stérilité du moment. A mesure qu'approchait le jour de la première communion, il redoubla de vigilance et de zèle. Le soin de cette jeune famille était la principale œuvre de ses journées, la préoccupation de ses nuits ; quand il avait reçu une injure, subi une injustice, et que son âme était triste, il pensait à ses enfants; il se disait : Ceux-là au moins aimeront Dieu et rendront justice à leur pasteur : car ils savent que je les aime. Les enfants paraissaient répondre à son affection; le matin de la première communion, ils s'approchèrent avec piété de la table sainte, l'église était pleine ; les parents eux-mêmes étaient émus, le curé se trouva payé de ses travaux et oublia ses peines. Le lendemain, beaucoup de ceux qu'il avait si bien préparés dansaient, malgré sa défense, à la fête d'un village voisin, et le dimanche suivant, cinq ou six au plus assistèrent à la messe.

Ce triste mécompte atteignit le curé jusqu'au plus profond de son cœur. Le courage un moment lui manqua; tout lui faisait défaut à la fois : le conseil municipal venait de refuser à son église les réparations les plus urgentes; l'évêché lui écrivait que le maire menaçait de lui faire un procès sous le prétexte le plus futile des calomnies infâmes paraissaient contre lui dans le journal de l'arrondissement; les malades ne réclamaient plus son ministère; plusieurs ménages n'avaient pas voulu se marier à l'église; les enfants qu'il avait instruits et aimés comme une mère ne le saluaient plus, et le château lui-même, en rendant toute justice à son dévouement et en respectant ses vertus, lui conseillait de demander son changement, puisque dans sa paroisse le bien ne lui était plus possible. Il le crut et écrivit à son évêque pour lui exposer sa position et le supplier de le rappeler. Mais au moment d'envoyer sa lettre, ses yeux rencontrèrent le crucifix devant lequel il avait si souvent prié pour ses pauvres paroissiens; il se demanda si le divin Maître avait abandonné sa mission parce qu'il avait été calomnié, poursuivi, chargé de mauvais traitements et d'outrages, s'il n'avait pas persisté à faire du bien jusqu'à la mort à ceux qui le persécutaient; se jetant à ses pieds, il le pria de lui pardonner cet instant de défaillance et lui promit de rester jusqu'à la fin au poste qui lui avait été confié.

VI

L'Officier d'artillerie.

Il y avait bien longtemps que Lucien n'était revenu au château de B..., et son absence y avait fixé la tristesse : car il était toujours la première pensée de sa mère et de ses sœurs. Depuis son départ, elles avaient eu de terribles journées; il avait été en Afrique, à la prise de Constantine, et pendant cette campagne, que menaçaient tant de dangers, la vie avait été suspendue dans sa famille. Pendant deux mois, à chaque heure du jour et de la nuit, quelqu'un se disait avec angoisse : Vit-il encore? et n'osait répondre. La lettre qui rassurait sur le passé ne garantissait rien du présent, et au moment où on la lisait, la main qui l'avait écrite si gaiement était peut-être immobile et glacée. Ce ne sont pas ceux qui se battent qu'il faut plaindre en temps de guerre : ils ont pour eux les incidents de la lutte, l'émulation des camarades, l'excitation de la poudre; la première impression passée, ils se familiarisent avec le danger et jouent avec la mort. Ceux-là sont vraiment dignes de pitié qui restent à la maison, et, de tout ce qui se passe à la guerre, ne savent qu'une chose toujours présente à leur pensée : peut-être à cette heure, à cette minute, un boulet est en l'air, une balle part, qui va frapper au cœur un fils ou un frère.

Pour les habitants du château de B., le moment de la compensation arriva enfin, et Lucien, qui s'était fort distingué et rapportait à la fois le grade de capitaine et la croix d'honneur, put s'annoncer avec un long semestre. Jusqu'au jour fixé pour le retour, le temps parut marcher bien lentement au gré de l'impatience de celles qui l'attendaient. Lorsque ce jour parut, après avoir été vingt fois dans la chambre du capitaine, pour s'assurer que tout était bien en place, fait balayer les allées du parc, mis des fleurs dans toutes les corbeilles et gardé les plus belles pour sa cheminée, la famille, longtemps avant l'heure où il pouvait arriver, était sur la route, se demandant à chaque bruit lointain, à chaque écho des pas d'un cheval ou des roues d'une voiture, si ce n'était pas lui, et montant sur toutes les éminences pour l'apercevoir de plus loin. Enfin, la voix la plus avancée cria bien haut : Le voilà! et en un instant Lucien fut entouré de tant de bras, de tant de riants visages, qu'il ne savait à qui distribuer ses caresses. A table, on le laissa à peine manger, tant il était accablé de questions qui s'entre-croisaient et dont l'une n'attendait pas la réponse de l'autre.

Quel beau moment pour un jeune officier que celui où il raconte à sa famille sa première campagne! il voit passer dans les yeux de ceux qui l'écoutent toutes les impressions qu'il veut peindre, et on l'arrête à chaque mot pour lui faire redire ce qu'il a tant de plaisir à conter : les dangers, les fatigues, les émotions de la guerre, se traduisent autour de lui en exclamations de terreur, en cris d'admiration; ce n'est pas la gloire, ce privilége tant cherché d'étonner ceux qui ne vous connaissent pas et que vous ne connaîtrez jamais, mais c'est quelque chose de mieux que la gloire, le bonheur d'être admiré de ceux que vous aimez, qui vous aiment et qui vous le témoignent de toute l'expansion de leurs cœurs. Lucien, avec cette modestie qui sied si bien au vrai courage, ne mit aucune emphase dans sa narration; il laissa deviner plutôt qu'il n'exprima les actes de valeur qui lui avaient valu sa décoration et son grade; il parla surtout de ses camarades, et ne tarit pas sur l'énergie, l'intelligence, la grandeur d'âme de ces soldats français, sortis de toutes les provinces, de toutes les conditions : laboureurs, artisans, ouvriers des fabriques, souvent partis de leur pays avec toute sorte de défauts et d'imperfections, et devenus capables, sous la loi de la discipline et le feu du canon, des plus belles actions et des plus héroïques dévouements. Au récit des dangers qu'il avait courus, on tremblait, on frémissait, les yeux devenaient humides, et puis on se disait qu'il était là, que tout était fini, que l'heure de la sécurité et du repos était venue, et on se serrait autour de lui comme pour être sûr que les boulets ennemis ne viendraient pas le chercher.

La soirée passa vite dans ces doux entretiens, et la cloche sonna la prière du soir; elle se faisait toujours en commun dans une petite chapelle du château; les serviteurs s'agenouillaient à côté des maîtres, et tous, au pied des autels, adressaient les mêmes vœux à celui qui réunit tous les rangs dans la sainte égalité des enfants de Dieu. Depuis qu'il était sorti de l'École polytechnique, Lucien n'assistait plus à la prière, et c'était toujours une grande douleur pour sa mère de l'entendre s'éloigner lorsqu'on allait à la chapelle, et d'y trouver sa chaise restée vide. Ce jour-là, il prit le bras d'une de ses sœurs et entra avec la famille. Mme de Lanoy lui sut gré de ce qu'elle regardait comme une attention pour elle, et commença, avec une émotion qu'elle avait peine à contenir, la prière qu'elle disait toujours à haute voix. Combien son émotion devint plus vive et sa voix plus tremblante, lorsqu'elle vit son fils suivre avec attention les paroles qu'elle prononçait, répondre comme tout le monde et édifier l'assemblée par son attitude recueillie. En sortant de la chapelle, personne ne fit allusion à ce qui s'y était passé; mais dans les adieux du soir, au moment de se séparer, les caresses qui furent faites à Lucien étaient encore plus tendres qu'à l'ordinaire : un voile se déchirait, une dernière barrière était abaissée; chacun sentait qu'il n'y avait plus qu'un esprit et qu'une âme dans la famille. En rentrant dans leurs chambres, ses sœurs riaient comme à la découverte d'une de ces joies inattendues qui dilatent le cœur; mais sa mère versait de ces larmes dont une seule fait plus de bien que tous les bonheurs de la terre.

Le lendemain, Lucien voulut annoncer lui-même au curé cette bonne nouvelle : « Monsieur le curé, lui dit-il en entrant au presbytère, au moment où je vous ai quitté j'étais encore votre ennemi, ou au moins votre adversaire ; aujourd'hui je suis une de vos brebis. Je reviens de loin, et Dieu sait par quel chemin j'ai dû passer pour rentrer au bercail ; mais enfin m'y voilà ; la longueur et les difficultés de la route ne font que me rendre plus douce et plus précieuse l'arrivée au port.

— Je vous attendais, mon cher ami, lui dit l'abbé Thévenot, permettez-moi de me servir avec vous de ce mot, qui n'exprime qu'imparfaitement l'affection que vous m'inspirez ; vous étiez sincère, vous cherchiez la vérité avec le désir de la trouver ; elle vous était due, d'après la parole de l'Évangile, et Dieu, en vous éclairant, n'a fait que remplir sa promesse.

— Hier, repartit le capitaine, ces dames m'ont fait raconter la campagne d'Afrique, où nous avons été vainqueurs. J'ai à vous raconter une autre campagne, où j'ai été complétement battu ; il est vrai que j'avais affaire à plus forte partie encore que les Arabes ; quand le bon Dieu veut s'emparer de vous, il n'est pas facile de résister. Le récit de ma défaite vous revient de droit : car, à notre dernière entrevue, vous avez commencé vigoureusement l'attaque, vos arguments me sont revenus plus d'une fois à la mémoire et n'ont pas été inutiles au succès.

— Allons! vous voulez me flatter, repartit le curé; votre intelligence n'avait pas besoin, pour aller à la vérité, des arguments d'un pauvre curé de campagne; mais j'accepte de grand cœur votre offre. Venez dans mon petit jardin, asseyons-nous auprès de cette vigne : personne, à cette heure, ne viendra nous déranger. »

Le prêtre et l'officier s'installèrent sur un banc de bois, où souvent le curé allait faire sa méditation et se reposer des fatigues du jour. L'air était calme, le ciel pur, les grandes ombres commençaient à descendre des collines. C'était une de ces belles soirées où Dieu se révèle plus spécialement dans son œuvre, où l'on se sent plus près de lui. Le jeune capitaine s'exprima ainsi :

« Il faut faire remonter au-delà de l'École polytechnique le moment où s'altérèrent en moi les croyances que j'avais reçues dans la maison paternelle. Pieuse, comme vous la connaissez, ma mère, lorsqu'il fallut me mettre bien jeune au collége, trembla de me confier à des mains infidèles. Elle demanda conseil aux ecclésiastiques les plus vertueux, aux personnes les plus expérimentées. On lui désigna, d'un commun accord, un établissement connu entre tous par son attachement aux opinions politiques et aux principes religieux qu'elle regardait comme la base essentielle d'une bonne éducation ; les élèves ne pouvaient y recevoir de leurs maîtres que de bonnes leçons et d'excellents exemples. Mais nous étions à une époque où la jeunesse prenait ailleurs ses guides et ses oracles ; l'influence venait du dehors ; elle appartenait tout entière au parti de l'opposition, qui s'était déclaré l'ennemi de l'autorité sous toutes ses formes, et, pour en finir avec elle, lui attachait le ridicule des choses usées et des vieilleries passées de mode ; à quatorze ou quinze ans, le monde, tel qu'il était constitué, nous paraissait toucher à la décrépitude ; nous rêvions une société modèle, qui daterait de notre âge, et les doctrines que les siècles nous avaient transmises ne pouvaient servir aux yeux de notre expérience d'un jour qu'à bercer et à endormir la première et la dernière enfance. Nous nous montrions d'autant plus fanatiques des idées nouvelles, que nos maîtres étaient plus fidèles aux anciennes ; nous ne pouvions croire à la bonne foi des plus habiles, nous nous moquions des autres ; leur aveuglement nous faisait pitié.

Enfin, nous étions si avancés dans la voie du progrès, qu'arrivés, en philosophie, au chapitre qui traite de Dieu et de ses attributs, nous mîmes en question son existence ; elle ne fut votée qu'à la majorité d'une voix.

« Le christianisme était loin d'esprits qui s'égaraient dans de telles discussions, et je sortis de ce collége, où tant de précautions avaient été prises pour faire de bons chrétiens, sans autres principes qu'une opposition décidée à tout ce que ma mère m'avait appris à chérir et à respecter. C'était entrer dans le monde avec de faibles armes contre les entraînements et les passions de la jeunesse. L'amour de l'étude et l'ambition me sauvèrent de ces abîmes, où je vis tomber tant de jeunes gens, qui, comme moi, avaient perdu tous les freins et brisé toutes les barrières. Je voulus entrer à l'École polytechnique. Pendant que je m'y préparais, je me refusai toute distraction, tout travail étranger au programme de mon examen ; je n'avais qu'une pensée, un but : obtenir un bon rang sur la liste d'admission, et je réussis. L'École n'était pas faite pour modifier ma manière de voir ; elle passait alors pour une des forteresses de l'esprit nouveau, elle était l'espérance de tous les fondateurs de religions et de sociétés.

« J'y arrivai, comme beaucoup d'autres, pour travailler à me créer une brillante carrière. La multiplicité de nos études, la variété de nos travaux, semblaient ne pas laisser de place à d'autres préoccupations; mais il y a, dans toute vie commune, un esprit auquel on n'échappe qu'avec des efforts inouis de volonté et de persévérance. Quelques élèves de mon temps parvinrent à se maintenir en dehors des opinions générales de l'école, et chacun se fit un point d'honneur de respecter leurs sentiments. Je n'étais pas disposé à cet isolement; je me trouvais dans le sens de l'immense majorité, et je m'y abandonnai sans réserve.

« Notre manière de procéder vis-à-vis du monde intellectuel et moral était simple et facile; il s'agissait simplement de lui appliquer la méthode d'observations et de raisonnement qui avait fait faire de si grands progrès aux sciences exactes et physiques, et d'exiger des démonstrations mathématiques pour les doctrines et les principes sur lesquels repose la société. Nous soumettions à une sorte d'opération chimique les idées, les sentiments dont se composent les traditions et les croyances humaines, nous faisions passer au creuset de notre analyse les inspirations de la conscience, nous prétendions décomposer la vertu ; rien ne résistait à l'action dissolvante de cette logique inflexible ; les principes les mieux reconnus et les plus acceptés tombaient en poussière, les idées les plus répandues s'en allaient en fumée. En niant les notions que les sens ne saisissent pas ou que ne démontrent pas les mathématiques, on a bientôt fait table rase de ce qui ne vient pas de la science. Au milieu de nos démolitions, le monde extérieur restait seul debout.

« Je m'applaudis d'abord de voir la science d'accord avec les idées que j'avais apportées du collége ; et j'entrai de plus en plus dans le système de la négation absolue, persuadé que l'avenir, pour se manifester dans toute sa grandeur, avait besoin de l'anéantissement du passé ; mais, quand je n'eus plus rien à détruire, je m'aperçus que j'avais pris une ruine pour un édifice et le néant pour la création, et je fus effrayé du vide immense qui se creusait dans mon âme.

« J'avais beau y jeter les faits les plus intéressants du monde physique, les aperçus les plus élevés de la science, il y avait toujours un abîme intérieur qui n'était pas comblé, de terribles questions auxquelles il n'était pas répondu. La politique elle-même, qui acquérait à cette époque une si grande importance, et que rendait si vive et si passionnée l'approche d'une révolution, ne pouvait satisfaire complétement ma soif de vérités supérieures. Je sentais en moi un grand amour de la liberté, un vif désir de l'émancipation des classes populaires, de l'amélioration de leur destinée, j'aurais voulu de tout mon pouvoir diminuer les souffrances du pauvre, lui rendre la vie plus douce et plus facile, et faire arriver au grand nombre ce qui n'avait été jusqu'ici que le patrimoine de quelques-uns ; mais tout cela ne sortait pas des limites de la terre : diminuer les impôts, donner une plus grande part au peuple dans l'élection des pouvoirs, dans l'administration des affaires publiques, augmenter le salaire de l'ouvrier et ses chances de travail, toutes ces belles questions tentaient mon dévouement et me poussaient du côté des grandes réformes ; mais, en dépit de toutes les objections et de tous les raisonnements contraires, se réveillait en moi l'instinct d'un monde supérieur, que je ne pouvais ni toucher ni soumettre à mes calculs, et dont je reconnaissais la trace dans les lois, dans les idées, dans l'histoire de l'humanité, et jusque dans l'intérêt et la sympathie que j'éprouvais pour le sort des autres.

« Un de mes camarades qui se destinait aussi à l'artillerie, et vers lequel j'étais attiré par la droiture et l'élévation de son cœur et la douceur de son caractère, m'apprit un jour qu'il était tourmenté comme moi, et me laissa voir dans son âme ce qui se passait dans la mienne.

« Les études que l'on fait ici, me dit-il, ne me
« suffisent pas ; les professeurs et les livres ex-
« posent parfaitement le mouvement des astres,
« la combinaison des corps et les lois qui prési-
« dent aux destinées de la nature ; ils décompo-
« sent la matière et en font toucher au doigt les
« éléments ; en un mot, ils disent le comment des
« choses terrestres. Mais ils n'enseignent rien sur
« les idées, sur les sentiments qui viennent d'ail-
« leurs et de plus haut, et cependant ces idées,
« ces sentiments, ils existent, ils agissent, ils de-
« viennent les mobiles des actions humaines et
« jouent un grand rôle dans notre vie. D'où sor-
« tent-ils ? qui les inspire ? Ils n'ont ni leur source
« ni leur objet dans le monde des sens, et nous
« avons beau les combattre, les décomposer par
« le raisonnement, nous les retrouvons dans leur
« entier au fond de nos consciences ; il y a là un
« des grands côtés du problème humain que les
« sciences mathématiques et physiques ne résol-

« vent pas. Cette solution doit exister quelque
« part, et il n'est pas digne d'un être raisonnable
« de la nier parce qu'il l'ignore, et de ne pas
« chercher à la découvrir parce qu'elle est d'un
« difficile accès. »

« Heureux de cet accord de nos pensées, nous nous promîmes d'associer nos efforts et nos recherches. Le temps nous manquait aux écoles, mais plus tard les garnisons nous en donnèrent le loisir ; nous étions du même régiment, et, au lieu de passer au café et au jeu le temps que le service nous laissait libre, nous nous mîmes avec un zèle infatigable à la poursuite de la vérité. Je ne vous dirai pas ce que nous avons dévoré de livres, de brochures, de journaux : plus d'une fois nous avons cru être sur la voie, nous apercevions çà et là de spécieuses doctrines et de séduisantes théories ; mais bientôt il fallait revenir sur nos pas, car les plus beaux systèmes ne nous apportaient que des lambeaux ou des apparences de vérités.

« C'était précisément le moment où les doctrines de Saint-Simon et de Fourier commençaient à se produire dans le monde. Vous vous rappelez qu'à mon dernier voyage vous m'en avez vu fort occupé et un peu épris. Elles étaient nées du besoin de substituer quelque chose au doute et de faire sortir l'humanité du culte de l'indifférence et de la religion des intérêts. Nous avions été séduits par la guerre qu'elles déclaraient au matérialisme de l'époque, et leur promesse de rouvrir à l'esprit humain les horizons fermés par le dix-huitième siècle; nous étions frappés de la vive protestation de leurs sectateurs contre les imperfections et les misères de la société actuelle, contre son manque de foi et de doctrine, et le triste laisser-aller de l'intelligence qui, contente des mesquines affaires du moment, fermait les yeux sur l'avenir. Mais quand ces nouveaux apôtres arrivaient à l'exposé de leurs systèmes, ils nous dégoûtaient ; toute leur réforme consistait à changer les mots au lieu des choses. Pour diminuer le mal dans le monde, ils n'avaient trouvé rien de mieux que de donner aux vices le nom des vertus, en réhabilitant ce que réprouve la morale, et en lâchant la bride à toutes les passions que la conscience nous oblige à réprimer. Entre les mains de ces prétendus missionnaires de la civilisation, la société descendait de l'homme à la bête, de l'intelligence à l'instinct, du sentiment à l'appétit; elle n'était plus qu'une ruche ou une fourmilière, où chacun, obéissant à sa nature animale, concourait à un ensemble dont le seul but était la satisfaction des besoins physiques et des lois de la matière.

« A mesure que nous découvrions l'impuissance des réformateurs et la vanité de leurs théories, notre soif de vérité devenait plus vive et plus ardente; tous ces essais stériles, toutes ces tentatives avortées augmentaient l'agitation et l'impatience de nos esprits; souvent, fatigués de nos recherches, découragés de leur inutilité, nous prenions la résolution de nous jeter, comme tant d'autres, dans le tourbillon des affaires et des plaisirs, et de renoncer à ces hautes régions qui se dérobaient avec tant d'obstination à notre vue; nous nous promettions de ne plus en parler. Le lendemain, en nous revoyant, le moindre incident nous ramenait à notre thème de la veille. Les questions se posaient de nouveau, la discussion recommençait, et nous nous retrouvions plus acharnés que jamais à la poursuite de notre insaisissable fantôme.

« Sur ces entrefaites, notre régiment changea de garnison, il fut appelé à Vincennes; le voisinage de Paris, que nous n'avions pas vu depuis l'école, nous détourna quelque temps de nos préoccupations habituelles; mais après nous être rassasiés de son monde, de ses fêtes et de ses spectacles, le vide reparut en nous et le mal de la vérité nous revint. Nous suivîmes les cours des plus habiles et des plus renommés professeurs, nous nous mîmes en relation avec les philosophes les plus célèbres; partout on nous accueillait avec bienveillance, on paraissait nous écouter avec intérêt, mais nos questions n'obtenaient que des réponses vagues ou négatives. Nous entendîmes beaucoup parler de nominations à l'Académie, de découvertes scientifiques, de changements de ministère; mais de ce qui nous occupait, pas un mot, et si, par exception, se produisait sur ce sujet une doctrine ou une théorie, elle soulevait de si graves objections et rencontrait tant de contradicteurs, que les ténèbres étaient encore plus épaisses, depuis que chacun avait apporté sa lumière.

« Ainsi, nous avions interrogé sur le monde surnaturel livres et personnes, anciens et modernes, histoire et philosophie, toutes les découvertes, toutes les inventions de l'esprit humain : partout nous n'avions trouvé que confusion et obscurité; quand ce n'était pas le néant, nous aboutissions au chaos. A quelle porte frapper maintenant? Le ver rongeur du doute ne cessait de nous dévorer; mais cette fois cette affreuse maladie nous parut sans remède, et, dans notre désespoir, nous en étions réduits à envier le sort de ceux qui peuvent dormir dans la stupidité de leur indifférence et à regretter le temps où, absorbés par les études de notre carrière et par les travaux presque mécaniques du jour, nous n'avions ni le loisir ni la volonté de nous occuper du lendemain.

« Un jour, dans un salon du faubourg Saint-Germain, où me conduisaient quelquefois mes relations de famille, j'entendis parler d'un jeune prêtre qui faisait merveille à Notre-Dame. On le disait éloquent jusqu'au sublime, hardi jusqu'à la témérité, ne reculant devant aucun des sujets les plus délicats, devant aucune des questions les plus brûlantes, et faisant entendre du haut de la chaire des paroles inaccoutumées qui attiraient et émouvaient le monde. Ce n'étaient ni des prônes ni des sermons qu'il prononçait; mais quelque chose de nouveau touchant à la fois à la politique et à la philosophie, des conférences dans lesquelles il enseignait aux peuples, comme aux individus, leurs devoirs et leur mission, examinait tous les problèmes sociaux, jugeait tous les travaux de l'esprit humain, et prêchait au nom de l'Évangile le perfectionnement de l'homme et le progrès de l'humanité. On ajoutait qu'élève de M. de Lamennais dont il s'était séparé après la sentence de Rome, partisan chaleureux de la liberté et très-sympathique à beaucoup des idées nouvelles, le jeune orateur faisait dans l'église une véritable révolution, y appelait des gens qui n'y avaient jamais mis les pieds, et provoquait par la hauteur de ses vues, l'indépendance de son langage et l'audace de sa pensée, l'enthousiasme des uns, la peur des autres et l'admiration de tous. Ce que j'en entendis ce soir-là piqua au plus haut point ma curiosité. J'en fis part à mon camarade qui logeait avec moi; il fut très-frappé de mon récit, et nous voulûmes juger par nous-mêmes ce nouveau prédicateur; mais notre prévention était si forte contre le catholicisme et ses organes, et nous en attendions si peu la vérité, nous qui la demandions à tout le monde, que dans notre désir d'entendre l'abbé Lacordaire il n'entrait d'autre but que d'assister à un tour de force oratoire, de nous donner une satisfaction littéraire, et nous décidâmes que nous irions le dimanche suivant à Notre-Dame par partie de plaisir, et comme on court à un spectacle à la mode.

« Sachant que la foule était grande, nous allâmes à la cathédrale d'assez bonne heure, et déjà la nef se remplissait d'hommes. La réunion était singulière et ne ressemblait pas à celles qu'on voit ordinairement dans les églises. A l'exception de quelques fidèles qui priaient et suivaient dans leurs livres la messe qui se disait au chœur, le plus grand nombre n'était pas chrétien ; les uns avaient apporté des journaux, d'autres des brochures et des romans, plusieurs parlaient à demi-voix et se donnaient des rendez-vous de plaisirs ou d'affaires, quelques-uns même avaient si peu l'habitude du lieu où ils étaient, que le suisse dut les avertir qu'on ne gardait pas à l'église son chapeau sur la tête. Un grand silence se fit tout à coup, et tous les yeux se tournèrent vers la chaire ; le prédicateur venait d'y monter. Pâle, maigre, la figure ascétique et inspirée, les yeux vifs et perçants, la voix pénétrante, l'attitude à la fois modeste et ferme, le geste plein de conviction et d'autorité, l'abbé Lacordaire, dès ses premiers mots, s'empara de l'auditoire et sembla le fasciner. Sa parole en effet n'était aucune de celles que ce siècle avait entendues, elle montrait des horizons que personne n'avait découverts, elle portait sur des hauteurs où nul de ceux qui l'écoutaient n'avait encore monté ; pendant une heure, il tint, suspendue à ses lèvres, une assemblée immense, étonnée, hors d'elle-même, qui ne respirait pas. De temps en temps on entendait des frémissements passer sur elle, comme le souffle d'une admiration contenue ; une fois, l'enthousiasme fit explosion par des applaudissements qu'il réprima d'un geste magnifique en montrant le Christ et l'autel. En sortant de Notre-Dame, nous n'étions pas convaincus, nous n'étions pas chrétiens, mais un grand travail s'était fait dans notre intelligence ; le catholicisme nous apparaissait sous un nouveau jour : ce n'était plus ce que nos préjugés nous avaient montré jusqu'ici, une fable pour les enfants, un rêve pour les vieillards ; ce n'était plus une obscurité qui fuit toute lumière, une autorité qui se refuse à toute discussion : c'était une doctrine pleine de grandeur qui faisait appel à toutes les forces de notre esprit, à tous nos instincts de liberté, allait droit à l'ennemi, l'attaquait sur son propre terrain, défaisait ses systèmes, citait ses théories au tribunal de la raison et de l'expérience, et se présentait au monde comme la solution la plus large, la plus complète de tous les problèmes qui l'agitent, solution que l'on peut discuter, qu'il est permis de combattre, mais avec laquelle il faut compter.

« Dès ce jour-là, en effet, nous commençâmes à compter avec le catholicisme, et à nous demander si, dans ses dogmes, dans ses mystères que nous avions tant dédaignés, il ne possédait pas ce secret inutilement cherché sur d'autres rivages.

« Cette simple question, que nous ne nous étions jamais faite, fut pour nous comme une révélation, elle nous ouvrit une carrière nouvelle de recherches et d'études, et réveilla dans nos cœur l'espérance abandonnée; une lueur encore faible et lointaine paraissait pour la première fois dans nos ténèbres; nous nous promimes de la suivre jusqu'au bout. Tous les dimanches nous étions exacts à Notre-Dame; chaque conférence devenait l'objet des méditations de toute la semaine; plus nous entendions cette parole et plus nous apercevions la lumière. Le même travail s'opérait dans l'âme des auditeurs qui nous entouraient : des médecins, des peintres, des sculpteurs, des ingénieurs, tous ces hommes de science et d'art, parmi lesquels nous reconnaissions plus d'un de nos anciens camarades, avaient été attirés, comme nous, par l'éloquence du discours, et, à chaque nouvelle conférence, ils apportaient une attention plus recueillie, un assentiment plus convaincu; on voyait qu'ils montaient les degrés du temple, et peu à peu s'approchaient de l'autel. Aussi, lorsque le soir, dans les salons où la discussion sur les conférences de Notre-Dame avait remplacé l'examen des toilettes ou la critique des théâtres, j'entendais de très-bons chrétiens, qui n'étaient jamais sortis de la foi, se plaindre de la témérité de telle phrase, du sens révolutionnaire que l'on pourrait donner à telle autre, se scandaliser d'un aperçu, s'effrayer d'un rapprochement et exprimer le regret qu'un si admirable talent ne se renfermât pas dans les limites connues et ne suivît pas les routes tracées, je ne pouvais m'empêcher de répondre que l'abbé Lacordaire ne montait pas en chaire pour instruire et sanctifier les amis déjà convaincus et fidèles ; mais qu'à côté de ce petit troupeau, qui n'avait pas besoin de ses enseignements, il y avait un monde immense, ayant vécu jusqu'ici loin de l'Église, étranger à ses préceptes, hostile à ses dogmes, que les sermons les plus réguliers et les plus éloquents n'auraient jamais attirés, et qui ne connaissaient le catholicisme que par les objections de Volney et les plaisanteries de Voltaire. Eh bien, ce monde, leur disais-je, est attiré à Notre-Dame précisément par ces hardiesses que vous reprochez au prédicateur ; hier incrédule, demain il sera chrétien et priera avec vous parce qu'il aura entendu ce langage qui vous scandalise, et dont vous avez peur.

« N'était-ce pas, en effet, notre histoire, et n'avions-nous pas passé, sous cette voix puissante et généreuse, du dédain à l'étonnement de l'étonnement à l'admiration, pour arriver chaque jour plus près de la foi ? Entrés par cette porte dans l'étude du christianisme, nous ne tardâmes pas à découvrir des grandeurs inconnues, des résultats immenses. Mis en présence du problème qui se posait depuis si longtemps devant nous, le dogme catholique nous laissait voir des correspondances, des harmonies et des solutions que nous n'avions trouvées nulle part. Un jour, enfin, le catéchisme, ce premier livre de notre enfance, que nous avions si complétement oublié et que la veille encore nous n'aurions pas daigné ramasser sur le chemin, nous présenta l'ensemble complet de ces vérités sublimes dont la plus petite parcelle aurait fait dans l'antiquité la gloire et la fortune des plus grands philosophes et des plus profondes théologies. Pour la première fois depuis que nous courions après la vérité, nous trouvions des notions positives et lumineuses sur Dieu, sur l'âme, sur ses destinées futures, sur le comment et le pourquoi de notre existence; nous apercevions la nature du bien, l'origine du mal, et tous les secrets de ce monde surnaturel qui brille d'une si grande lumière aux yeux du chrétien.

« Il faut avoir longtemps marché à tâtons, ne

pouvant se reposer dans le doute et ne sachant comment en sortir, pour comprendre de quelle joie vous inonde cette clarté qui dissipe toutes les incertitudes, arrache de vos yeux les écailles qui les aveuglaient, et vous montre, sans nuage et sans ombre, le chemin qui conduit à la vérité ; il faut avoir souffert la faim d'une intelligence sans doctrine, le froid d'une âme pauvre et nue, pour apprécier la possession de ce trésor évangélique qui rassasie de la parole divine et revêt d'immortalité.

« Malheureux, confinés dans un coin de terre qui devait être notre prison et notre tombeau, victimes promises à l'ignoble égoïsme, aux passions inférieures et aux tortures du doute et de l'incrédulité, soupçonnant, sans les connaître, d'autres régions, d'autres lois et un autre avenir, assez pour nous inquiéter, pas assez pour nous satisfaire, nous venions de découvrir tout à coup, à la clarté de l'Évangile, une issue inespérée ; la foi offrait à notre intelligence l'infini pour y déployer ses ailes, à notre conscience une perfection que rien ne peut ni atteindre ni égaler ; elle projetait sur notre vie le reflet d'un bonheur inaltérable, et, à la lueur de son flambeau, la terre n'était plus que le marchepied d'une échelle immense faisant monter l'homme de l'esclavage à la liberté, du périssable à l'éternel et de l'homme à Dieu.

« En présence d'une telle révélation, l'hésitation n'était plus permise. D'ailleurs, les conférences de l'abbé Lacordaire n'avaient pas seulement entraîné notre raison : en l'écoutant, nous sentions au dedans de nous-mêmes quelques étincelles du feu qui brûlait les disciples d'Emmaüs, pendant que le Sauveur leur parlait sur le chemin de Jérusalem. La conviction avait gagné le cœur, la grâce venait au secours de la bonne volonté ; d'après le conseil du prédicateur, nous priions en étudiant, et les difficultés qui résistaient à l'examen cédaient à la prière. Nous savions d'ailleurs que nous n'étions pas tout à fait abandonnés à nos seules forces : nous avions l'un et l'autre une famille chrétienne ; elle avait gémi plus d'une fois de nos erreurs, et nous étions certains qu'elle demandait chaque jour notre conversion au Ciel. Tout cela aidant, lorsque la station fut finie et que le jour de Pâques arriva, deux enfants prodigues vinrent se jeter aux pieds du Père qu'ils ont dans les cieux, et prirent place, le cœur plein de joie, au banquet sacré de leurs frères. »

Le bon prêtre, en écoutant le jeune capitaine,

levait les yeux au ciel et bénissait Dieu dans son cœur.

« Oh ! lui dit-il après un moment de silence, ce que je viens d'entendre me fait admirer la bonté de la Providence et rougir de ma lâcheté : comment oserait-on se laisser aller au découragement à côté de votre énergie à lutter contre vos doutes et à chercher la vérité ! » Il raconta à son tour ses tribulations, ses mécomptes et la tentation à laquelle il avait manqué de succomber. « Mais, maintenant, ajouta-t-il, je suis fort de votre présence, et si je me sentais défaillir, je vous regarderais, je penserais à ce que vous étiez et à ce que vous êtes, et je me dirais : « Puisque Dieu a ramené à lui une âme si forte, « si puissamment armée contre son Église, il y « fera rentrer tôt ou tard mes pauvres enfants, « qui n'en sont éloignés que par faiblesse et par « ignorance. »

La nuit était déjà avancée quand les deux amis se séparèrent, non sans avoir formé mille projets, imaginé mille œuvres pour la conversion du village : car Lucien était impatient de réparer le temps perdu ; sa sollicitude pour les souffrances populaires, agrandie et purifiée par la charité chrétienne, le faisait sortir de ces aspirations philanthropiques qui ne s'occupent que des masses et cherchent des formules pour le bonheur universel. Il avait surtout besoin d'aller chercher le pauvre dans sa misère morale et physique, de descendre dans le détail de sa vie, de lui apporter l'âme d'un frère et le secours d'un ami, pour diminuer ses privations, l'aider à supporter sa peine et le réconcilier avec sa destinée.

Il venait d'apprendre, dans la Société de Saint-Vincent de Paul dont il s'était fait recevoir membre, comment on panse les blessures, on dissipe les préventions et les ignorances, et comment sortent de l'aumône matérielle l'enseignement et la moralisation de ceux que l'on visite. Comme tout esprit élevé arrivé à la jouissance de la vérité, il avait un immense désir de la faire partager à ceux qui en étaient encore privés, et il lui tardait de mériter, par le bien qu'il allait faire, celui que Dieu lui avait fait.

Le retour de M. de Lanoy était un jour de fête pour le village; il y était né, y avait passé ses premières années; les paysans le regardaient comme l'enfant du pays. Malgré son grade et son titre, ils l'appelaient encore M. Lucien. Le dimanche chacun se mit sur son passage pour le saluer et admirer la croix d'honneur sur son uniforme. On apprit bientôt son intimité avec le curé, les longs entretiens qu'ils avaient ensemble, et on sut que le capitaine assistait plusieurs fois par semaine à la messe; le jour de l'Assomption, on le vit s'approcher, avec sa mère et ses sœurs, de la table sainte. La sensation fut profonde : les paysans se demandaient comment un homme qui avait fait la guerre, qui avait l'air de n'avoir peur de personne et portait une si belle décoration, pouvait s'agenouiller avec des femmes et des enfants, et témoigner tant de respect et d'amitié à M. le curé. Celui-ci en acquit plus de considération à leurs yeux : on eut pour lui plus de politesse; on se dit qu'il devait avoir un certain mérite, puisque M. Lucien le traitait si bien; le maire lui-même, à qui celui-ci dit quelques mots un peu sévères sur l'inconvenance et le ridicule de sa conduite et l'illégalité de certains de ses actes, cessa son hostilité et se tut.

Les deux amis se mirent à faire ensemble quelques visites chez les familles les plus pauvres; la présence de l'officier faisait écouter les leçons du prêtre; les pauvres gens étaient si fiers de recevoir l'un, qu'ils en témoignaient leur reconnaissance à l'autre. Quand le capitaine parlait à un enfant d'aller au catéchisme, à un ménage de se marier à l'église, à un mourant de se réconcilier avec Dieu, il fallait bien obéir. On ne pouvait pas dire que celui-là faisait un métier, et les canons fixés sur ses épaulettes et sur son habit donnaient une merveilleuse puissance à ses conseils.

Au retour de ces promenades, Lucien annonçait sa découverte et les conquêtes dont il était aussi heureux que de celle d'un gourbi arabe; puis il faisait ses commandes. La liste en était toujours longue, car de mauvaises années avaient diminué l'aisance du village. C'était une tisane à préparer pour un malade, un livre amusant destiné à distraire les ennuis d'une longue convalescence, une bonne bouteille de vin qui ranimerait le sang déjà glacé d'un vieillard; c'était surtout une multitude d'enfants à à habiller. Le soir on se mettait à l'ouvrage, et pendant que l'officier racontait un incident de sa campagne d'Afrique ou quelques-unes des pensées qui lui venaient, les nuits de garde, à la lueur du feu du bivouac, la comtesse et ses filles, laissant de côté la tapisserie et le métier à broder, tricotaient des brassières et des bas de laine, taillaient des chemises et se faisaient les ouvrières de ceux dont Lucien était l'avocat et l'intendant. Quelquefois la famille mettait en commun l'éloquence des uns, la belle écriture des autres, pour rédiger la pétition d'un vieux soldat d'Égypte ou d'Italie, oublié par la mort mais aussi par la fortune ; et jamais une journée ne se passait sans que du presbytère et du château il sortît quelques bonnes œuvres.

Lucien était bon chasseur et tireur fort habile, et de temps en temps il demandait congé à son compagnon de charité pour se livrer tout à son aise à son exercice favori ; mais en revenant, après avoir abattu bien du gibier, quand il traversait le village et qu'il apercevait sur sa porte un bon vieux ménage qui se chauffait au soleil et lui disait en le saluant : Bonjour, Monsieur Lucien, avez-vous fait bonne chasse? il ne pouvait s'empêcher de le lui prouver en lui donnant un lapin ou une perdrix, et comme le village était long et qu'il avait beaucoup de vieux amis, souvent il ne lui restait plus rien dans sa carnassière lorsqu'elle arrivait à la cuisine du château. Ses sœurs, en le voyant revenir les mains vides, se moquaient de lui et lui criaient : « Oh! le maladroit ! » mais il y avait, bien près de là, de pauvres gens qui, à la même heure, célébraient son adresse et plus encore la bonne grâce de sa générosité.

A l'aide de l'association de la croix et de l'épée, qui a fait dans le monde de si grandes choses, le curé vit s'ouvrir des portes qui depuis longtemps lui étaient fermées; il put se faire connaître de gens qui avaient pris l'habitude de ne le voir que dans leur imagination prévenue; plusieurs s'aperçurent qu'il ne ressemblait en rien à l'homme qu'ils avaient si énergiquement détesté, et s'étonnèrent du contraste de son caractère avec celui du curé de leur invention. La réconciliation se fit dans quelques cœurs; elle était facile avec lui : il était si doux, si miséricordieux envers ceux dont il avait à se plaindre, si reconnaissant de ce qu'ils voulaient bien oublier leurs anciennes injustices! A chaque retour, il en faisait honneur, après Dieu, à son compagnon; aussi, quand celui-ci dut revenir à son régiment, il le regretta comme le plus fidèle et le plus puissant des auxiliaires; il continua seul, avec un zèle infatigable, l'œuvre qu'ils avaient commencée ensemble. Il était loin de réussir toujours dans cette nouvelle croisade; les mécomptes ne lui manquaient pas; la plus ardente charité ne triomphe pas en un jour des défiances accumulées, et, après l'animosité, il avait à combattre l'indifférence. Mais, pendant qu'il travaillait péniblement à la conquête des âmes et qu'il avançait à pas lents, Dieu envoya à sa paroisse un de ces terribles fléaux, ministres à la fois de colère, de justice et de miséricorde, et que souvent il réserve comme une dernière prédication aux peuples que toutes ses faveurs n'ont pu ramener.

VII

Le Choléra.

Lors de la première invasion du choléra à Paris, il avait frappé de terreur tous les pays environnants ; mais comme le village de B... avait été épargné, ses habitants avaient vite oublié le mal, ou si par hasard il en était question parmi eux, ils en parlaient comme d'une de ces calamités lointaines qui ont sévi en d'autres siècles ou dans une autre hémisphère. A l'un de ces retours, qui ne se sont manifestés dans la capitale que par quelque décès dans les hôpitaux et ont passé inaperçus au milieu des nombreuses maladies de l'immense ville, le fléau franchit les limites qu'il avait jusque-là respectées, et s'annonça à B... par un peu de malaise. On ne le reconnut pas d'abord à de si légers symptômes ; puis, aux premières atteintes sérieuses, le pays s'émut, on s'empressa autour des malades, on ne négligea rien pour les sauver. L'administration et la science avaient donné au choléra les noms les plus pacifiques afin de n'effrayer et de ne décourager personne, et il y eut un louable mouvement pour porter des secours. Mais quand on vit la rapidité du mal, l'inutilité des remèdes, et la mort frappant à midi ceux qui travaillaient encore le matin ; quand la même maison eut perdu successivement tous ses habitants et la même famille tous ses membres, et qu'on ne put plus douter de la contagion mortelle, alors une effroyable panique s'empara de la contrée ; ceux qui pouvaient fuir coururent au loin cacher leur terreur ; les pauvres gens, qui n'avaient aucun moyen d'aller chercher un gîte ailleurs, s'enfermèrent dans leur maison, rompirent tout rapport avec leurs voisins, et restèrent sourds à l'appel des malades et aux gémissements des mourants ; les parents, les amis ne se connaissaient plus, le désert se faisait autour de quiconque était frappé, et les morts restaient sans sépulture ; dans le même lit un cadavre gisait auprès d'un moribond, sans que personne osât ensevelir l'un, porter secours à l'autre, et arracher le survivant à cette terrible image de sa prochaine destinée.

Seul, le curé ne s'effraya pas; secondé par un jeune médecin que Mme de Lanoy, retenue alors en Anjou par le mariage d'une de ses filles, avait fait venir de Paris, il était sur pied nuit et jour, courant de maison en maison, faisant boire et frictionnant les malades, ensevelissant les morts, consolant les familles, ramenant partout par sa présence la consolation et l'espérance. Il était devenu l'ange et la providence de sa paroisse : à la moindre apparition de la maladie, chacun l'appelait; dès qu'il était arrivé, on ne voulait plus le laisser partir; les tisanes n'étaient bonnes que de sa main; ses frictions avaient, plus que toutes les autres, la propriété de ranimer les membres déjà noircis et glacés. On eût dit que la guérison entrait avec lui, et que, comme Celui dont il était le ministre, il avait le don des miracles. En effet, à force de soins, de veilles et de bonnes paroles, il relevait l'énergie, amenait la réaction et arrachait au fléau ses victimes. Devant une pareille abnégation et les merveilles qui l'accompagnaient, la passion n'avait plus de colère et l'insouciance de sommeil.

On ne pouvait rien refuser à celui qui, tous les jours, faisait à ses paroissiens le sacrifice de sa vie; aussi, que de consciences éclairées, que de repentirs obtenus par sa prédication ; que de voix, habituées à l'injurier et à le maudire, éclatèrent alors en bénédictions ; que de mains, qui autrefois se levaient sur son passage pour le désigner au mépris, aux insultes, pressaient sa main et s'attachaient aux pans de sa robe pour l'empêcher de s'éloigner ! Quand il parlait de la justice et de la miséricorde divines, les plus endurcis pleuraient, les plus hostiles baissaient la tête ; ceux qu'il rappelait à la vie revenaient en même temps à la foi ; ceux qui mouraient entre ses bras quittaient la terre pénitents et réconciliés. La prière était rentrée dans ces maisons qui n'avaient plus d'espoir qu'en Dieu et en celui qui venait en son nom, et tous les petits intérêts de la terre disparaissaient devant les grands enseignements de la mort et de la charité.

Le curé ne mangeait ni ne dormait : il priait sur les chemins, il ne s'asseyait qu'au chevet des malades ; mais il était plus fort que la faim, les veilles et les fatigues, et quand il avait guéri un corps ou sauvé une âme, il remerciait le Seigneur d'accorder une si belle récompense à un serviteur inutile. Seulement, en se trouvant seul au milieu d'une famille éplorée, réclamé au même instant dans plusieurs endroits où sa présence était également nécessaire, il regrettait quelquefois le jeune officier, son compagnon, que d'autres devoirs retenaient ailleurs. Avec un aide aussi zélé, son action aurait été plus puissante, les remèdes plus efficaces ; plus d'une convalescence n'aurait pas été arrêtée, plus d'une guérison compromise, faute d'un visiteur expérimenté qui eût veillé à l'observation des conseils et à l'exécution des ordonnances.

Un jour qu'il était revenu au presbytère, entre deux courses, pour y trouver un moment de repos, il entendit sonner à sa porte. S'attendant à l'appel de quelque nouveau malade, il s'apprêtait à y courir, lorsqu'il vit entrer un jeune homme d'une figure douce, d'un maintien modeste, et qui lui était inconnu.

« Monsieur le curé, dit celui-ci à voix basse et les yeux baissés, je viens vous demander un service. Profitant de quelques instants de vacance, j'étais venu visiter la fabrique de mon oncle, que je ne connaissais pas encore : j'apprends que vous avez ici beaucoup de malades, et que vous êtes seul pour les soigner; accordez-moi la permission de les soigner avec vous et d'être sous votre direction, et, pour l'amour de Jésus-Christ, leur infirmier et leur serviteur.

C'était le petit clerc de notaire dont Mme Martin

avait parlé au curé lors de sa première visite. L'abbé Thévenot le reconnut alors, et l'embrassa de tout son cœur; mais il hésitait à accepter ses offres : il le trouvait bien faible, bien délicat pour un si dur travail. Ce fut en vain qu'il lui représenta qu'étranger au pays, il devait se réserver pour toutes les œuvres qu'il dirigeait à Paris, que la contagion était dans toute sa force et bien plus dangereuse pour ceux qui, venant d'un air plus pur, ne s'étaient pas accoutumés peu à peu à cette atmosphère corrompue et mortelle.

Le jeune homme insista avec force; il affirma en rougissant que, dans les hôpitaux et dans quelques mansardes de certains faubourgs de Paris, il avait pris l'habitude de soigner les maladies contagieuses, qu'il ne courait aucun danger d'en être atteint, et qu'à l'invasion du choléra il avait été à l'école d'une sœur de la Charité qui avait guéri les plus désespérés. Il fallut se rendre à de si bonnes raisons, et, dès le soir même, le village eut une sauvegarde, et la charité un ouvrier de plus. Le curé ne tarda pas à apprécier les services de son nouvel aide-de-camp; car, partout où il passait, il n'y avait qu'une seule voix pour louer sa douceur, sa patience, son entente du service des malades, et sa sainte adresse à mêler aux paroles qui donnent du courage celles qui rendent meilleur.

Plus d'une fois le curé alla voir avec lui les familles qu'il avait visitées avec Lucien. En entrant, le clerc de notaire ne faisait pas un aussi grand effet que le noble capitaine : ce n'était ni la même attitude, ni le même langage; mais la même foi conduisait les deux visiteurs, la même charité les inspirait; l'angélique abnégation de l'un faisait autant de bien que la générosité de l'autre; Dieu attachait sur eux une égale bénédiction, et ceux qui les avaient vus dans des circonstances si différentes confondirent leur souvenir dans la même reconnaissance.

Le jour où cessa le fléau, les habitants de B... se réunirent à l'église pour entendre la messe d'action de grâces et chanter le *Te Deum* de la délivrance. Quoique tout le monde y assistât, il y avait bien des places vides et des vêtements de deuil. Tous les yeux se portaient avec attendrissement sur le bon pasteur, dont les joues creuses, la démarche chancelante et la voix affaiblie rappelaient les héroïques travaux; on voulait voir aussi le jeune homme qui n'avait dit son nom à aucun de ceux qu'il avait visités, et à qui tant de familles avaient des remerciments à faire ; mais il était parti, pour retourner à son étude, le jour où le dernier malade s'était levé de son lit : son œuvre était finie, il avait repris son travail.

La paroisse de B..., enseignée par le malheur et la charité, ne perdit pas, comme on aurait pu le craindre, les fruits de cette double leçon ; il y eut encore bien des oublis et des ingratitudes, et les anciennes habitudes reprirent leur place dans plus d'une famille ; mais un grand progrès se fit remarquer dans les dispositions générales envers l'Église. Le curé n'était plus insulté, les plus mauvais n'essayaient pas de l'accuser de ne pas aimer ceux qu'il avait sauvés. Quand il disait la messe le dimanche, il n'était plus seul à l'église ; il ne prêchait plus dans le désert, et, pendant qu'il semait la parole divine, s'il rencontrait encore des rochers, des épines et des mauvaises herbes, il avait enfin trouvé la bonne terre, qui produisait cent épis pour un. Après avoir si longtemps poursuivi la conversion de sa paroisse, il était tout joyeux d'avoir à s'occuper de sa persévérance.

Mais cette persévérance était encore bien chancelante et incertaine et menaçait de beaucoup de rechutes ; puis le curé, tout en remerciant Dieu d'un succès acheté par tant d'héroïsme et de souffrances, ne pouvait s'empêcher de jeter un regard de tristesse sur l'autre côté de la rivière, sur cette partie de sa paroisse où tant de pauvres âmes demeuraient dans la défiance et l'hostilité, et repoussaient obstinément toutes ses avances paternelles.

VIII

L'Ouvrier.

Les ouvriers de l'usine n'avaient pas été mis à la même épreuve que les paysans. Par un de ces caprices qui rendent sa marche incompréhensible et défient toutes les prévisions de la science, le choléra n'avait pas passé la petite rivière qui séparait la fabrique du village ; l'air pur de la campagne avait été corrompu, la maladie n'avait pas envahi l'atmosphère si malsaine des ateliers : les plus exposés n'avaient pas été atteints. Les ouvriers, d'abord inquiets, furent bientôt rassurés sur un danger qui n'arrivait pas jusqu'à eux, et finirent par mettre le choléra en chanson, en se déclarant invulnérables. Privés de cette sévère leçon, ils persévéraient dans leurs méfiances et ne se laissaient pas gagner par les bons exemples de l'autre côté de l'eau. Rien, depuis l'expédition contre le château, n'avait calmé l'animosité des assaillants et diminué leur désir de prendre une revanche : il y avait toujours parmi eux quelqu'un qui ne permettait pas aux mauvaises dispositions de se dissiper et à la haine de s'endormir.

L'effet produit sur le village par le séjour de M. de Lanoy et surtout par l'admirable conduite du curé, ne fit qu'accroître la colère de Pierre. Lui qui avait tant applaudi à la malveillance des paysans, dont il se faisait un titre de gloire, vit avec un extrême dépit le changement qui s'était opéré dans leurs jugements et dans leurs procédés; il chercha à tourner en ridicule leur reconnaissance. Beaucoup de ses camarades ne partageaient pas sa passion ; quelques-uns avaient conservé de la première éducation, sinon la pratique, au moins le respect des choses saintes; la majorité, laissée à elle-même, s'inquiétait assez peu de ce qui se passait au presbytère et à l'église, et ne songeait à leur souhaiter ni bien ni mal : mais la nature humaine a un si grand faible pour tout ce qui se dit aux dépens du prochain, notre curiosité est ordinairement si malveillante ! Sous ce point de vue, l'atelier ressemble au salon; les mauvaises plaisanteries sur le curé et ses prosélytes avaient toujours grand succès, et devinrent un sujet de disputes et d'animosité entre l'usine et les champs ; on se traitait fort mal des deux côtés de la rivière, et chaque contestation était aux yeux des ouvriers un grief de plus contre celui qui en était la cause involontaire. A mesure que le village perdait de ses préventions et revenait à la justice, la manufacture grandissait dans son hostilité, et le mur de séparation s'élevait de plus en plus entre la religion et l'industrie.

Une nuit, pendant que la machine de la fabrique avait interrompu son travail et que deux ou trois ouvriers étaient occupés à la nettoyer, on entendit comme un coup de tonnerre, la terre trembla, des pans de murs volèrent en éclats. On avait oublié de lever une soupape, la vapeur avait fait explosion, et la chaudière en éclatant avait emporté les murs qui l'entouraient. Un incendie survint à la suite ; bientôt le feu, s'élevant au-dessus de l'édifice, menaça de le dévorer. Au bruit de la détonation, à la vue des flammes qui se détachaient sur l'obscurité du ciel, le tocsin sonna, la population tout entière accourut, et, profitant du voisinage de la rivière, elle organisa une chaîne pour amener l'eau jusqu'au foyer du désastre. Le curé était arrivé des premiers ; au milieu de la confusion générale, il se mit à la tête des travailleurs, prit le commandement de la foule, plaça chacun à son poste et introduisit l'ordre dans les secours. On le vit toute la nuit, les pieds dans l'eau, les habits brûlés et couverts de flammèches et de cendres, partout où il y avait un ordre à donner, un service à rendre, un encouragement à porter. Il ne quitta le lieu du sinistre que le matin, lorsque l'on était maître du feu et qu'il ne restait plus de l'incendie que quelques pierres noircies et une ou deux poutres fumantes. Les ouvriers de l'usine eux-mêmes avaient été frappés de son sang-froid et de son courage ; aucun d'eux, pendant le travail, n'avait songé à discuter son autorité ou à lui désobéir, et ils n'avaient pu s'empêcher de l'acclamer lorsque, couvert de boue, le visage et les mains noirs, il avait regagné son presbytère, après s'être assuré qu'on n'avait plus besoin de lui.

Grâce à la promptitude et à la bonne direction des secours, le feu avait été concentré dans une seule pièce ; les bâtiments et les marchandises étaient assurés, et le travail fut à peine interrompu. M. Martin, arrivé le lendemain, eut bientôt relevé les murs, réparé les avaries et effacé les traces de l'incendie ; la perte matérielle était insignifiante, mais l'explosion avait fait un mal irréparable. Un pauvre ouvrier, nommé Maurice, qui se trouvait dans l'atelier au moment où la chaudière avait éclaté, avait été lancé avec violence hors du bâtiment et était retombé sans mouvement à quelque distance. Dans le premier moment, on ne s'était pas aperçu de sa disparition; les deux autres qui travaillaient avec lui ayant pu s'échapper, on avait cru tout le monde sauvé. Le matin, en quittant l'incendie éteint, un de ses camarades le trouva à terre ne donnant plus aucun signe de vie; on se hâta de le relever, de le porter dans une maison voisine et de l'étendre sur un lit; à force de lui faire respirer des sels et de lui jeter de l'eau au visage, on le fit revenir à lui. Il reprit ses sens et recouvra bientôt la parole.

Le curé, prévenu, alla le voir; le médecin y était déjà, et le blessé se plaignit seulement d'un engourdissement dans les jambes.

On crut d'abord à une forte courbature, et que deux ou trois jours de repos suffiraient pour le remettre sur ses pieds et le rendre à son travail. Le lendemain un examen plus attentif fit découvrir que la moelle épinière avait été profondément lésée dans sa chute; il pouvait encore trainer deux ou trois semaines, peut-être un mois, mais la guérison était impossible. La triste sentence du médecin, qu'on lui cacha avec soin, se répandit bientôt dans le village et dans la fabrique. C'était un des ouvriers les plus indisciplinés et les plus tapageurs; mais il était jeune, toujours gai, à la tête de toutes les parties de plaisir, ce qu'on appelle un bon garçon. Ses camarades l'aimaient pour son entrain et sa belle humeur; ils s'empressèrent d'aller le voir; les paysans y vinrent aussi, attirés par l'intérêt que l'on prend aux victimes des accidents dont on a été témoin, et surtout par la compassion qu'inspirent la jeunesse, la force, la gaieté de celui qui demain va mourir. Son patron l'avait fait transporter dans une chambre saine, bien aérée, qui tenait à sa propre maison. Mme Martin et sa fille cherchèrent à lui procurer tous les genres de distraction et de soulagement, et comme dans sa soif ardente il avait témoigné le désir d'avoir pour se rafraîchir de beaux fruits qui ne se trouvaient que dans le jardin du château, la comtesse elle-même s'était empressée de les lui porter et de lui offrir tout ce qu'elle avait chez elle qui pourrait lui être agréable. Le pauvre condamné à mort était devenu le parent de tous et l'enfant d'adoption du pays ; seul au monde, ayant quitté tout enfant sa famille, sans conserver aucune relation avec elle, il avait vécu de son travail au jour le jour, changeant souvent de demeure et d'atelier, sans prévoyance, sans attachement au lieu et à la maison où il travaillait : sa maladie lui rendit une patrie et une famille. Au reste, il était impossible de le voir sans attendrissement étendu sur ce lit qu'il ne devait plus quitter ; la maladie avait changé son caractère : cette nature si turbulente, toujours si près de la révolte, s'était adoucie sous la main de la souffrance ; il sentait qu'il avait besoin de tout le monde et se montrait reconnaissant de tout ce qu'on faisait pour lui ; et puis, comme il disait avec un sourire triste et résigné, il voulait laisser des regrets.

Sa chambre était devenue le rendez-vous général ; chacun, sous l'influence de la pitié, semblait avoir déposé, en y entrant, ses imperfections et ses défauts et n'apporter que de bonnes inspirations et de charitables pensées. La comtesse s'y trouvait souvent avec Mme Martin ; les deux dames étaient pleines d'attentions et d'amabilité l'une pour l'autre en faisant le lit du malade, et en cherchant ensemble à lui épargner une douleur ou à lui procurer un plaisir. Mme de Lanoy y rencontrait aussi quelques-uns des ouvriers qui avaient voulu démolir sa maison; elle était émerveillée de leur politesse, de leur réserve, de la délicatesse de leur dévouement, des privations qu'ils s'imposaient pour apporter quelque chose à leur camarade, et de leurs paroles affectueuses qui, tout en cherchant à lui cacher son danger, laissaient voir tout ce qu'il y avait de profonde émotion dans leur cœur. Eux, de leur côté, ne revenaient pas de la simplicité de la comtesse, des soins touchants qu'elle rendait au malade, et de sa voix si douce et si maternelle, lorsqu'elle l'engageait à prendre une potion ou combattait un moment de tristesse et de découragement. Le pauvre Maurice était profondément touché de tous ces témoignages d'intérêt.

Les premiers jours il avait voulu lutter contre l'évidence; il cherchait à se persuader, en le disant aux autres, qu'il allait mieux, qu'avant peu il serait debout; mais il comprit bientôt qu'il n'avait plus longtemps à passer sur la terre, et s'abandonna sans scrupule aux soins dont il était entouré. Il était heureux chaque fois qu'un de ses camarades venait le voir : il lui tendait une main languissante, le remerciait de sa visite, avait les larmes aux yeux quand il lui parlait de leurs fêtes passées et de leurs anciens travaux, et le priait toujours de revenir. Au commencement, la présence de la comtesse l'embarrassait; il rougissait des services qu'il en recevait, et ne savait comment lui demander pardon de la peine qu'elle prenait pour lui. Peu à peu il s'accoutuma à ses soins : il sentait les droits que l'approche de la mort lui donnait à sa compassion ; lorsqu'il la voyait entrer, il l'accueillait avec un sourire, et lui qui ne se rappelait pas les caresses de sa mère, tressaillait d'aise, quand elle l'appelait son cher enfant.

Mais celui qu'il recevait avec le plus de bonheur, c'était le curé.

Il n'avait pas été flatté de sa première visite; en l'apercevant, quoique à peine relevé de terre, il avait dit à voix basse : « Que vient-il chercher ici? je ne suis pas si pressé de me faire enterrer. » Mais l'abbé Thévenot lui avait parlé avec tant de douceur et témoigné une si grande affection, qu'il eut bientôt triomphé des préventions du pauvre jeune homme ; il passait des nuits auprès de lui lorsque la souffrance l'empêchait de dormir, il lui faisait des lectures pour abréger les longues heures de la journée, il le maniait dans son lit comme un enfant, il était à la fois son serviteur et sa garde-malade. Dès qu'on se laissait aller au charme de la conversation et à la douce attraction qui partait du cœur de cet apôtre, il était difficile de l'aimer à demi. Bientôt Maurice ne put plus se passer de lui; lorsque sa visite tardait, il le faisait demander, il avait toujours quelque chose à lui dire pour retarder le moment de son départ; il lui semblait que, tant qu'il l'aurait auprès de lui, la mort n'oserait pas venir : « Oh ! Monsieur le curé, lui disait-il souvent, combien je me trompais sur votre compte ! Je vous croyais un ennemi, et personne ne m'aime autant, personne ne me fait autant de bien. Comment réparer mon injustice ? comment m'acquitter jamais de tout ce que je vous dois ! — Mon ami, lui répondait le curé, vous ne me devez rien ; moi, aussi, je croyais que vous étiez méchant; eh bien, je découvre maintenant que vous êtes bon ; comme vous, je me trompais, et j'étais injuste : nous sommes quittes. »

Cependant le mal empirait; la paralysie, qui dès le premier moment s'était emparée des jambes, faisait son terrible chemin, et menaçait d'envahir le cœur. La vie diminuait chaque jour. On commençait à entrevoir l'heure de sa fin prochaine.

L'ouvrier avait vécu loin de toute pratique religieuse, la religion avait été pour lui comme si elle n'était pas. Et le jour où, s'agenouillant auprès de son lit, le curé l'engagea pour la première fois à s'associer au moins de cœur à la prière qu'il allait dire pour lui, il ne se souvenait plus de quelle main il devait se servir pour faire le signe de la croix. Cette élévation à Dieu lui avait fait du bien, et depuis, lorsque le curé allait le quitter à la fin de la journée, il lui demandait de prier ensemble; il ne pouvait répéter, mais il suivait de la pensée les paroles du prêtre; la nuit, pendant les insomnies que provoquait la douleur, on l'entendait invoquer le nom de Dieu et implorer de lui pitié et miséricorde.

Mlles de Lanoy lui avaient donné un scapulaire et un chapelet; il les portait et baisait souvent avec ferveur la petite médaille miraculeuse que l'on avait suspendue à son cou; mais il n'allait pas au delà, et pour lui parler de ses devoirs de chrétien, le curé n'avait pas encore trouvé cette occasion favorable que la grâce inspire et qui prépare le succès.

Après une crise qui l'avait fait beaucoup souffrir, le malade se plaignait avec une certaine animation de l'impuissance des médecins et de l'inutilité de leurs remèdes. Le curé se trouvait seul avec lui : il lui parla des sacrements que Dieu avait mis dans son Église pour venir en aide à ceux que la science humaine était incapable de guérir, et il lui demanda s'il ne voudrait pas essayer de ces divins secours. « Monsieur le curé, répondit Maurice en lui serrant la main, je le sais, on a tout fait pour me guérir, on n'y est pas parvenu, et, malgré les espérances que l'on veut encore me donner, je sens que je vais mourir : c'est le moment de vous parler à cœur ouvert. A travers ma vie errante et mon travail de tous les jours, je n'ai jamais pensé à l'avenir : je me sentais fort, je me disais que ma vie serait longue, que je n'avais qu'à y mettre le plus de joie et de plaisirs possible. Les longs jours passés dans mon lit ont bien changé mes idées, et la vue de la mort fait penser à des choses auxquelles en bonne santé on ne songe pas. En vous voyant tous autour de moi, je me suis demandé qui vous avait conduits ici : mes camarades me connaissaient, nous avions travaillé, joué et bu ensemble ; vous, vous ne me connaissiez pas, vous deviez croire, d'après ce qui s'était passé, que j'étais votre ennemi. Quand je croyais que vous étiez le mien, je ne cherchais qu'à vous nuire, j'aurais été heureux de vous faire de la peine : vous m'avez traité comme un fils, vous m'avez soigné, vous m'avez veillé ; ni mes plaintes, ni mes cris ne vous ont éloigné de moi ; vous avez été à toute heure aux ordres du pauvre malade. Eh bien ! Monsieur le curé, je ne suis pas un savant, je n'ai jamais raisonné sur la religion ; depuis que je travaille je n'y ai jamais pensé, je ne savais pas seulement ce que c'était qu'un prêtre, je m'en faisais l'idée que m'en donnaient mes compagnons d'atelier ; mais depuis que je vous vois, je me suis dit qu'une religion qui inspirait tant de bonté était nécessairement une chose bonne et vraie, et qu'un prêtre, comme vous, devait être envoyé de Dieu. Ne craignez donc pas de me parler en son nom, je n'ai plus de temps à perdre ; dites-moi ce que la religion veut de moi, elle m'a déjà fait trop de bien pour que je lui refuse quelque chose. »

Dès ce moment Maurice ne s'occupa plus que de se réconcilier avec Dieu. Pendant deux ou trois jours encore, il eut quelque peine à se détacher complétement de ce monde, qui maintenant était si bon pour lui ; il lui en coûtait de faire le sacrifice de sa vie : il était si jeune, et par moments il se sentait encore si près du temps où il surpassait en force tous ses compagnons de travail ! Il aurait voulu en appeler de cette terrible condamnation qu'il lisait dans tous les yeux, quoiqu'elle ne fût dans aucune parole, et dont lui-même ne doutait plus, et il demandait à Dieu, qu'il priait maintenant avec ardeur, de lui rendre la santé. Mais peu à peu son pasteur lui fit accepter franchement sa destinée ; il l'offrit au Seigneur comme une expiation de ses fautes passées, et pour le bonheur de ceux qui ne l'avaient pas abandonné. Dans son enfance, il avait été à l'école des Frères, et lorsque tous les bruits, tous les intérêts de la terre eurent fait silence en son âme, le souvenir des premières leçons lui revint, il retrouva au fond de sa mémoire des notions de la vérité religieuse que les Frères savent si bien graver dans l'esprit de leurs élèves, en leur apprenant le catéchisme. Le curé profita de ces éléments sur lesquels il ne comptait pas. Le maître d'école venait chaque matin faire répéter la leçon de la veille, et, la foi venant en aide à la science, Maurice fut bientôt en état de recevoir la sainte Eucharistie. Ce fut un grand jour pour tout le village ; de bonne heure on avait orné de feuillages la chambre et le corridor qui y conduisait ; des candélabres, de nombreux flambeaux mêlaient aux rayons du soleil levant leur mélancolique clarté ; une table couverte d'une nappe et surmontée d'un crucifix servait d'autel ; le lit était couvert de fleurs. Tous les ouvriers, tous les paysans avaient suspendu leurs travaux, ils accompagnèrent la sainte hostie de l'église à la demeure du malade. Les dames se mirent à genoux près de l'autel, les plus âgés des ouvriers autour de la chambre, la foule dans le corridor et jusque sur l'escalier. Tout le monde était ému, silencieux, recueilli. Le mourant, transfiguré par la foi et la céleste espérance, ne semblait déjà plus appartenir aux misères de ce monde. Ses yeux étaient vifs, sa physionomie animée ; on eût dit qu'il avait secoué ses douleurs, qu'il reprenait possession de la vie : mais cette vie n'était plus celle de la terre.

Le curé, en lui présentant Celui qui sauve et ressuscite, prononça quelques-unes de ces paroles qui apprennent à aimer et à bénir la souffrance et font accepter la mort. Puis Dieu descendit, pour ne plus la quitter, dans cette âme régénérée par le pardon et sanctifiée par le sacrifice. Celui-là seul qui donne une telle joie pourrait en faire comprendre l'immensité. Dès lors, Maurice ne regretta plus rien, il n'eut plus que des accents de gratitude et d'allégresse ; le pauvre ouvrier avait disparu, il ne restait que le vrai chrétien, déjà en possession de son Dieu, avec l'avant-goût du bonheur futur ; il voulut que chacun de ses camarades s'approchât de son lit et vînt lui dire adieu. Tous pleuraient en lui serrant la main ; lui les consolait, les remerciait de l'avoir visité, de l'avoir aimé jusqu'à la fin, disait à chacun une parole d'amitié particulière, engageait les jeunes gens à profiter de son exemple, promettait aux pères de famille qu'il parlerait bientôt à Dieu de leurs femmes et de leurs enfants. Il demanda à voir Mme de Lanoy, et, lui rappelant en souriant le jour de l'émeute :

« Je voulais vous faire bien de la peine ce jour-là, lui dit-il ; mais vous m'avez pardonné, n'est-ce pas ? car plus tard je vous ai causé un grand plaisir, celui de me rendre le bien pour le mal. »

Son patron et sa femme, le maître d'école, la sœur que, dans les derniers jours, on avait fait venir de la ville voisine pour le veiller, les paysans, qui si souvent étaient venus le voir, eurent leur mot d'affection et de reconnaissance ; personne ne fut oublié, et sa dernière parole fut pour leur recommander à tous d'aimer Dieu, de s'aimer les uns les autres et de prier pour lui. Quant au curé, il ne put rien lui dire, car il était au bout de ses forces ; mais, ouvrant les bras au moment où le bon prêtre se baissait sur son lit pour mieux l'entendre, il l'embrassa comme un fils qui dit à son père un long adieu.

Il semblait que la mort eût attendu que le Seigneur se fût emparé de cette âme pour frapper le dernier coup. Dans la nuit, la fièvre redoubla, le malade perdit le sentiment et la parole ; le curé, la sœur et Mme Leroy récitèrent la prière des agonisants; et le lendemain, lorsque le village s'éveillait, que l'atelier reprenait son travail, le tintement funèbre des cloches apprit à ceux qui avaient connu Maurice qu'il y avait un chrétien de plus au ciel.

Son convoi fut simple et modeste; deux paysans et deux ouvriers portèrent son cercueil ; presque toute la population l'accompagna. Il chemina lentement à travers les sentiers déserts, entre les haies qui séparent les héritages. Ceux que leurs travaux avaient retenus dans les champs se découvraient en l'apercevant, faisaient le signe de la croix et murmuraient une prière pour celui qu'ils ne reverraient jamais plus passer sur ce chemin.

C'était un de ces jours d'automne tout chargés de tristesse et de nuages ; la nature paraissait s'associer au deuil de l'homme, et l'ouragan, abaissant les arbres sur le passage du convoi, jonchait le cercueil de feuilles mortes ; on entendait, à travers les rafales du vent, des voix tristes et lentes psalmodiant les prières des morts, comme le gémissement de l'Église à la séparation d'un de ses enfants.

Quand on fut arrivé au cimetière, et au moment de jeter la pelletée de terre qui allait le dérober à jamais aux regards des vivants, le curé rendit hommage à l'admirable fin de ce jeune homme, revenu de si loin pour mourir, comme un saint, dans les bras de l'Eglise ; il rappela à l'assemblée en larmes comment la charité avait rapproché dans la chambre d'un pauvre ouvrier ceux qui paraissaient les plus éloignés les uns des autres, et avait remplacé par le respect et l'affection la défiance et la haine.

Il demanda à tous les assistants, au nom de celui qui les avait réunis autour de son lit de douleurs et de sa tombe, de s'entendre à l'avenir pour faire le bien, comme ils s'étaient entendus pour adoucir les derniers moments de leur malheureux frère.

Cette parole n'a pas été perdue.

IX

Les Œuvres.

En pleurant Maurice, mort loin de son pays, loin de sa famille, mais soutenu et consolé dans ses derniers moments par les tendresses maternelles de la religion et de la charité, plusieurs pensèrent avec compassion à d'autres abandons et à d'autres misères, aux pauvres ouvriers isolés comme lui, qui, malades ou blessés dans leurs travaux, avaient si grand besoin de secours et de soins, aux veuves chargées de beaucoup de petits enfants, aux vieillards survivant à leur fortune et à leurs familles : on se demanda s'il ne serait pas possible de fonder une maison de secours confiée à des sœurs qui porteraient du pain aux pauvres, des médicaments aux malades, des vêtements chauds aux vieillards, et de bonnes et consolantes paroles à tous.

M. Leroy, qui se sentait vieillir et aspirait à un repos bien mérité, proposa de réunir la maison de secours à l'école, et de donner le tout aux sœurs, à la fois institutrices et hospitalières, établies dans la ville voisine, qui tenaient les écoles des garçons et des filles, et dont une, appelée dans les derniers jours de la maladie de Maurice, avait édifié tout le monde par la vigilance de ses soins et la douceur de sa charité.

L'ancien maître d'école ne demanda pour lui que l'honneur de conserver sa place au chœur. Le curé accepta avec reconnaissance une offre qui allait au-devant de ses vœux les plus chers. Une souscription fut ouverte : chacun s'empressa d'y contribuer ; les plus pauvres y apportèrent leur obole, le bon curé y plaça toutes ses économies, le château et la fabrique se chargèrent de la pension de deux sœurs, la commune fit la dépense de la troisième. Une maison convenable, entourée d'un assez vaste enclos, fut achetée ; les artisans du village voulurent travailler gratuitement à son appropriation ; les ouvriers de l'usine, en souvenir du service rendu à leur camarade, prirent des pioches et des bêches, et, dans leurs heures de loisir, défoncèrent le terrain, dessinèrent les plates-bandes du jardin, y plantèrent des arbustes et y semèrent des fleurs.

Lucien, retenu en Afrique, voulut apporter sa part à l'œuvre commune : il fournit le mobilier, et le jeune clerc de notaire, qui n'avait pas oublié ses amis de B., obtint de quelques personnes généreuses de Paris fort occupées de faire pénétrer la charité dans les campagnes, une petite pharmacie avec tous les appareils nécessaires aux blessés et aux malades.

A peine arrivées, les sœurs gagnèrent l'affection de toute la paroisse par le zèle qu'elles mirent à instruire les enfants et les soins qu'elles prirent des malades. Une salle de leur maison fut consacrée aux plus jeunes de leurs élèves encore trop petits pour apprendre à lire ; ils erraient auparavant dans les rues et sur les grands chemins, ou, enfermés à la maison, passaient leur temps à crier et à souffrir, et quelquefois à mettre le feu avec des allumettes chimiques, pendant que leurs mères travaillaient dans les ateliers ou aux champs ; les parents les envoyèrent tous à la nouvelle salle d'asile. C'était un plaisir de voir ce petit peuple, autrefois vagabond et déguenillé, marcher en ordre, réciter des fables, chanter en cadence, propre, discipliné et poli.

Puis, le dimanche, un appel fut fait aux jeunes filles qui, après leur première communion, oubliaient si vite le chemin de l'église. Les sœurs les réunirent dans une chapelle pour chanter des cantiques et réciter l'office de la Vierge, et, dans leur jardin, pour rire, danser et s'amuser avec elles. Mlles de Lanoy et Martin apportèrent aux plus sages et aux plus exactes des livres, des tabliers ou des robes, visitèrent dans leurs familles et chez leurs maîtresses celles qui étaient placées en apprentissage dans les environs et jusque dans la ville voisine, et donnèrent dans leurs parcs quelques petites fêtes, quelques goûters à l'Œuvre naissante, en y invitant les jeunes ouvrières du voisinage, distinguées par leur conduite exemplaire et l'excellence de leur réputation. Bientôt elles s'associèrent, comme dames patronnesses, pour les suppléer dans les visites trop éloignées du village, les personnes les plus pieuses et les plus zélées du canton, se servirent des meilleures et des plus âgées de leurs protégées pour surveiller les plus jeunes, et organisèrent ainsi un Patronage chrétien dans un cercle qui s'étendait chaque jour.

Dans une des forêts dépendant du château, au milieu du tronc d'un vieux chêne, se voyait encore la place où, avant la première révolution, une statue de la Vierge attirait un grand concours de peuple, par le souvenir de son origine surnaturelle et les miracles qu'obtenaient les instantes prières des pèlerins. Personne ne songeait plus à cette tradition de la piété des ancêtres. Mme de Lanoy eut une heureuse idée : de concert avec le curé, elle rétablit la Vierge dans son antique demeure; la fit bénir en grande pompe; un autel de gazon fut dressé au pied du chêne, une haie d'aubépine traça tout autour un petit jardin émaillé de toutes les fleurs des bois. Ce modeste sanctuaire, placé sous l'invocation de *Notre-Dame du Patronage*, devint un but de pieuses promenades et de pèlerinage pour les jeunes filles de la paroisse et pour celles des villages voisins qui s'étaient agrégées à leur association.

Les parents eux-mêmes ne tardèrent pas à suivre leurs enfants. Attirés d'abord par la curiosité, par le désir de voir leurs filles figurer à la procession en robes blanches, ils se laissaient peu à peu gagner par l'entraînement du recueillement et de la prière en commun. Les plus rebelles ne résistaient pas longtemps à la douce influence de leurs enfants devenues, par l'action du patronage, si bonnes, si obéissantes, si laborieuses ouvrières. Ils se laissaient conduire par la voie du pèlerinage à l'église et de là à la table sainte, et renouvelaient ainsi le miracle du jeune

Tobie rendant la vue à son père aveugle.

Quand un enfant était malade, parti pour un long voyage ou à la guerre, quand on allait entreprendre une affaire difficile, on prenait l'habitude de faire un vœu à *Notre-Dame du Patronage*. Chacun était heureux, dans ses inquiétudes et ses faiblesses, lorsque tout secours humain s'éloignait ou devenait impuissant, de lever les yeux en haut et de placer son espérance dans le cœur d'une mère toujours accessible et plus forte que le mal. Bientôt la Vierge eut pour elle tous ceux qui souffraient et que le monde ne pouvait soulager, et le nombre en était grand là comme ailleurs.

Le jour même des funérailles de Maurice, le curé avait conçu la pensée hardie d'une œuvre plus difficile encore, et, la semaine suivante, après y avoir mûrement réfléchi et recueilli tous les renseignements sur les meilleures bases de la fondation qu'il méditait, il assembla les paysans et les ouvriers, dont plusieurs lui avaient témoigné le regret de n'avoir plus l'occasion de se rencontrer, et, leur rappelant les dernières recommandations de celui dont ils parlaient encore tous les jours : « Mes amis, leur dit-il, nous avons un moyen de répondre à sa pensée et de continuer cette douce intimité dont il avait été le lien. Formons entre nous une société de secours mutuels qui nous assure à chacun ce que nous avons été si heureux de procurer à notre Maurice. Moyennant une légère cotisation mensuelle, qui ne représentera pas la moitié du salaire d'un jour, nous aurons, si nous sommes malades, la visite du médecin, les médicaments, une indemnité quotidienne, qui nous permettra de donner du pain à notre famille ou de nous créer des ressources pour le moment de notre convalescence ; nous aurons quelque chose qui vaut mieux encore, nous aurons, comme Maurice, la présence de bons amis auprès de notre lit, et, si Dieu nous rappelle, leur fidèle compagnie jusqu'à notre dernière demeure et le secours de leurs prières. De plus, chaque dimanche, nous nous réunirons pour passer ensemble quelques heures de la journée ; nous causerons de nos affaires, de nos familles ; les jeux et les rafraîchissements ne nous manqueront pas, et ainsi, mettant en commun nos petites économies et notre immense bonne volonté, au lieu d'aller demander une place à l'hôpital qui vous refuse ou qui est trop loin pour que vous puissiez y être transportés ; au lieu de voir la ruine entrer avec la maladie dans la maison, la tristesse et l'ennui se glisser dans le cœur à la suite de l'isolement, ou le remords troubler votre repos, le lendemain des distractions coupables ; vous aurez à la fois l'appui d'un puissant secours, l'agrément d'une bonne société et la joie d'une bonne conscience. »

Tout le monde était encore sous l'émotion de la mort de Maurice et de ses adieux : la proposition fut accueillie avec faveur. Quelques paysans firent bien remarquer qu'une autre forme de la prévoyance avait aussi son mérite, que la terre était une caisse plus sûre et plus solide encore que celle des sociétés de secours mutuels; les plus jeunes, les plus forts, dirent tout bas qu'ils n'étaient pas près d'être malades, et que leurs cotisations ne leur profiteraient guère. Mais le curé fit observer aux uns que les sommes demandées étaient bien minimes, que la moindre maladie coûterait plus en un moment que la société n'exigerait en plusieurs années, et qu'il ne fallait pas beaucoup de temps au médecin et au pharmacien pour faire une large brèche à un morceau de terre ; à la jeunesse il cita l'exemple de Maurice, qui était jeune et fort, et d'ailleurs, ajouta-t-il, eux, les privilégiés de la Providence, à qui elle accordait ce qu'elle refusait à tant d'autres, devaient-ils repousser le bonheur de contribuer à si peu de frais au soulagement de leurs camarades moins bien traités?

devaient-ils se plaindre si leur force venait en aide à la faiblesse, leur santé à la maladie, leur énergie à la fatigue de ceux qui partageaient leurs travaux, et que Dieu leur ordonnait d'aimer comme des frères? Un jour ne viendrait-il pas où, eux aussi, ils auraient besoin de la bonne volonté des plus forts et des plus jeunes? La majorité se rendit à ces raisons, encore plus persuadée par la confiance qu'elle avait maintenant dans le curé que par ses paroles. Un certain nombre demanda le temps de la réflexion; un seul refusa positivement; c'était, il est vrai, le garçon le plus robuste du pays, il soulevait une poutre comme une plume et aurait tué un bœuf d'un coup de poing. Le mois suivant, il tomba malade; comptant sur l'éternité de sa vigueur, il n'avait fait aucune économie; en peu de jours il se trouva sans ressources, il n'y avait plus rien à la maison. Le curé réunit la société nouvelle, lui exposa la situation de l'ouvrier malade et demanda aux membres de commencer par une bonne action en le traitant comme un sociétaire. On lui vota, séance tenante, l'indemnité à laquelle il aurait eu droit s'il avait fait partie de l'Œuvre. Cette charitable leçon triompha de toutes les incertitudes, et il n'y eut plus aucun refus.

En qualité de fondateur, le curé fut nommé président et désigna le vieux maître d'école pour les fonctions de secrétaire. Les propriétaires du château et de la manufacture, les plus riches fermiers des environs, se firent inscrire parmi les membres honoraires; la société prit le nom et se plaça sous la protection du saint patron de la paroisse; le règlement établit que chaque année, le jour de la fête, une messe solennelle serait célébrée à laquelle assisteraient tous les membres.

Ce jour-là ils se rendent en corps à l'église, décorés de la médaille qu'ils ont adoptée comme signe de leur admission, et précédés d'une magnifique bannière que la comtesse de Lanoy et ses filles leur ont brodée. La première année, l'évêque, instruit de tout le bien qui s'organisait dans une paroisse qu'il regardait comme une des plus difficiles de son diocèse, voulut officier lui-même et parla, avec une éloquence qui fit une profonde impression, des excellents effets des sociétés de secours mutuels, sous le point de vue de la terre et du ciel.

La société fait encore célébrer une autre messe annuelle à laquelle personne n'a garde de manquer; le curé la dit lui-même le jour de l'anniversaire de la mort de Maurice.

Le dimanche, les sociétaires se réunissent dans une vaste salle et une très-belle cour mises à leur disposition par le fabricant, qui, à la demande de ses ouvriers, a consenti à ne plus les faire travailler ce jour-là et avoue qu'il n'y perd rien. Ils trouvent là une bibliothèque, des jeux de boules, de quilles, de dames, et même un billard, et, quand ils ont soif, des sirops et de la bière. De temps en temps un récit intéressant, une histoire amusante, quelquefois même une chansonnette comique sans licence, animent et abrègent la soirée ; quelques mots d'instruction religieuse, quelques rappels aux devoirs des chrétiens, viennent s'y mêler sans trop se laisser apercevoir; le tout se termine par une très-courte prière. Le curé y vient très-exactement, prend sa part des conversations, ne refuse pas une partie et vit familièrement avec les meilleurs et cordialement avec tous.

Le temps ne fait qu'ajouter au dévouement des ouvriers et des paysans à leur société: la caisse est riche, et bientôt ils pourront mettre de côté une petite pension pour les vieillards. Ils sont fiers de leur œuvre, les plus turbulents et les plus dépensiers d'autrefois subissent la douce influence de ces réunions pacifiques. Responsables devant leurs associés, ils veulent maintenant se distinguer par l'ordre et la prévoyance, comme jadis par leurs excès et leur indiscipline ; ils mettent leur activité et leur amour-propre à la fidèle exécution du règlement et à la bonne réputation de la société. Pierre, voyant se perdre son influence, et son armée passer sous un autre drapeau, a abandonné la position et est allé chercher ailleurs à utiliser ses talents pour le désordre ; deux cabaretiers se sont plaints aussi de l'abandon de leurs pratiques et de la ruine de leurs établissements ; mais les femmes, en voyant l'économie remplacer les excès de leurs maris, et la bonne harmonie succéder aux tristes scènes qu'engendre l'ivresse, bénissent la main qui leur a épargné tant de jours sans pain et de si douloureuses veilles. Le fils de M. Martin lui-même, associé dans son usine, et qui a un peu perdu de son goût pour la dépense, depuis qu'il tient la clef de la caisse, est émerveillé de la discipline, du bon accord et du travail assidu qui règnent dans les ateliers, et reconnaît que, dans une paroisse, un curé est bon à quelque chose.

« Maintenant, écrivait l'abbé Thévenot à Lucien, qui, toujours guerroyant contre les Arabes, n'oublie ni sa patrie, ni son pasteur, et en demande sans cesse des nouvelles, je ne reconnais plus ma paroisse ; Dieu bénit nos œuvres; les sœurs attirent tous les enfants à leur asile et à leurs écoles, nos malades sont visités et nos pauvres secourus; le château et l'usine continuent à se donner la main pour le patronage. Notre société de secours mutuels fait merveille : son règlement prescrit à chacun de ses membres d'avertir le président, dès qu'il a besoin du médecin, en sorte que personne ne tombe malade sans que je sois prévenu; je trouve ainsi un accès facile auprès des hommes les plus étrangers à la religion; ils accueillent de leur président des conseils et des leçons qu'au premier abord ils n'accepteraient peut-être pas de leur pasteur, et bientôt ils confondent les deux autorités dans une même soumission et un même respect; ils passent, presque sans s'en douter, du règlement à l'Évangile, et de la société de secours mutuels à l'association des enfants de Dieu. Un autre article défend l'immoralité et l'ivresse, un autre ordonne qu'à la mort de l'un des sociétaires tous les autres doivent venir à l'église lui rendre les honneurs funèbres et prier pour lui. Dans leurs réunions du dimanche, ils lisent de bons livres, ils se livrent à des jeux honnêtes, et j'ai là une occasion plus sûre et plus recherchée que mes prônes pour leur parler de leurs devoirs. Le croiriez-vous ? mon cher ami, le pauvre curé est devenu populaire ; lorsqu'il se promène dans sa paroisse, les tout petits enfants viennent lui baiser la main ; les écoliers le saluent avec une politesse respectueuse ; ses paroissiens du village et de la manufacture lui font également bon accueil ; les uns lui disent : Bonjour monsieur le curé ; les autres : Salut, mon président ; mais tous lui donnent la place qui appartient au ministre de Dieu dans leur société et dans leurs familles.

Le jour où j'entrai pour la première fois ici, il y a déjà longtemps, le vieux magister, que nous venons de perdre, m'annonçait que les paysans ne sortiraient jamais de leur indifférence ; M. Martin, que les ouvriers étaient incorrigibles ; votre excellente mère, que vous étiez à jamais incrédule ; je ne l'ai pas cru : j'ai cru que Dieu avait fait tous les villages, toutes les fabriques et même tous les officiers d'artillerie guérissables : remercions-le de m'avoir donné raison. »

FIN.

UNE MAISON

DU

FAUBOURG SAINT-MARCEAU

Comme on l'a souvent remarqué, chaque quartier de Paris a sa physionomie spéciale et sa fortune particulière, et, en partageant la destinée de ceux qui l'habitent, éprouve toutes les vicissitudes inséparables de la vie humaine. Le faubourg Saint-Germain conserve, dans son aspect, la majesté des anciens noms et tout le calme de la propriété. On sent que ses hôtels spacieux et solides s'appuient sur des terres bien cultivées, et ont pour vassaux des fermiers riches et exacts. Ailleurs, c'est le mouvement, le luxe, et aussi la mobilité de l'industrie; les splendides boutiques, les immenses magasins semblent suivre les cours hasardeux de la rente, ou dépendre de la valeur d'une action; ils expriment merveilleusement les caprices, les alternatives de la concurrence et du commerce, et ne cessent de changer de formes et de maîtres.

Certains vieux quartiers, après avoir logé des rois et abrité des cours, ont vu s'éloigner la faveur et baisser leurs revenus. Leurs rues étroites, leurs maisons surannées ne suffisent plus au bien-être des générations nouvelles. Pauvres honteux qu'ont abandonnés à la fois la richesse et la foule, ils ne conservent plus que des souvenirs de grandeurs passées et des appartements dorés sans habitants, tandis que d'autres, presque contemporains, ont tout le succès de ce qui commence; tel ce quartier, à peine né d'hier, qui grandit à vue d'œil sous l'influence de la mode, et dont les maisons improvisées s'élancent le long des Champs-Élysées avec l'élégance, la profusion et presque la rapidité des équipages qui en parcourent les avenues.

Mais il est une partie de la ville qui paraît avoir échappé à la loi du mouvement et n'avoir jamais eu rien à perdre. Malgré l'aspect misérable et fangeux du faubourg Saint-Marceau, on ne trouve chez lui aucune trace de décadence; ses rues resserrées et à pic, ses passages en planches, ses carrefours dépavés, n'ont jamais pu porter de voitures, et on dirait que ses maisons si hautes et si sombres, avec le nombre de leurs étages, la raideur de leurs escaliers, l'humidité de leurs chambres, ont été bâties pour des gens qui ne devaient pas payer leurs loyers. Aussi, à côté de la misère présente, on ne rencontre que des souvenirs et des restes de pauvreté, et, sous ces tristes réduits, le plus laborieux antiquaire aurait peine à découvrir la ruine d'un seul palais.

La ville de Paris, il est vrai, s'est occupée depuis quelque temps de ce district abandonné ; elle a déblayé ses abords, percé quelques larges rues, planté quelques arbres autour de son enceinte ; des constructions nouvelles ont apporté dans la rue Saint-Victor le style de la renaissance ; une espèce de square sourit à la Halle aux vins, et le Jardin des plantes étale, entre la Seine et la ville, le luxe de ses fleurs exotiques et le palais de ses animaux ; mais les arts n'ont pas été au delà. L'architecture n'a pas encore embelli une des maisons du faubourg ; les égouts et les pavés manquent toujours à ses impasses ; son principal marché, celui des Patriarches, n'est qu'un amas de baraques de bois où pendent des haillons, et si le gaz a glissé sa brillante lumière jusque dans la rue Mouffetard, il n'éclaire que la course inutile d'un pauvre homme qui n'a pas dîné, ou la sortie nocturne d'un chiffonnier. Pendant longtemps encore le faubourg Saint-Marceau n'aura pour monuments que des hôpitaux et une prison.

De telles conditions devaient lui assurer une population invariable et d'une nature toute particulière. Tandis que, partout ailleurs, la misère se trouve mêlée à la richesse, le luxe le plus extrême au plus extrême dénûment, que le bienêtre a pour voisine la souffrance, et que l'abondance éclabousse la faim, ici il n'y a pas de contraste, et la pauvreté règne sans mélange et sans partage. Dans un recensement, fait il y a quelques années, des familles inscrites au rôle des secours publics dans tous les arrondissements de Paris, le deuxième arrondissement, le plus riche de tous, avait un pauvre sur trente-six personnes ; le dixième, où le Gros-Caillou fait balance au faubourg Saint-Germain, en comptait un sur dix-huit : le douzième, dont fait partie le quartier Saint-Marceau, un sur six. Mais, dans la population des autres quartiers non inscrite aux secours, se trouvent des propriétaires, des commerçants, des industriels, capables non-seulement de fournir à leurs besoins, mais de faire l'aumône à ceux qui manquent de tout ; tandis que, dans le douzième arrondissement, les six que n'accepte pas la charité publique n'ont pas plus de revenus et d'économies que celui qu'elle secourt ; ils ont seulement un enfant ou une infirmité de moins.

Aussi à la première circonstance difficile, dès qu'un jour de gelée ou d'émeute vient suspendre le travail et arrêter le mouvement des affaires, pendant qu'ailleurs on commence à s'inquiéter et à se plaindre, ici tout le quartier meurt de froid et de faim.

Dans ces demeures humides, malsaines, avec cette nourriture grossière et insuffisante, sur cette paille qui souvent sert de lit, ne demandez pas de la fraîcheur et de la santé à l'enfant, de la force à l'ouvrier, de la verdeur au vieillard. Le scrofule, seul héritage que se transmettent les familles, noue les ressorts et arrête les développements de la vie.

Un travail prématuré prête ses excès au progrès du mal, éloigne l'enfant des écoles, de l'instruction religieuse et du repos qui lui est si nécessaire, et, pour quelques morceaux de pain que sans cela il ne trouverait pas à la maison, détruit tout son avenir. Lorsqu'il arrive à l'âge d'homme, le moindre accident, le plus léger malaise lui ferme l'atelier et peut devenir mortel, et si, par miracle, il échappe à la mort, de précoces infirmités courbent son front, font trembler sa main et viennent lui arracher ce pain auquel il avait sacrifié toute sa force et toute sa vie.

Depuis longtemps, le faubourg Saint-Marceau, livré à lui-même, serait devenu le repaire de tous les désespoirs et un gigantesque hôpital, si, pour que personne ne soit trop déshérité dans ce monde, Dieu n'avait attaché à ce qui est abandonné de tous une puissance d'attraction à laquelle la charité ne résiste pas.

En vertu de cette loi providentielle, le faubourg reçoit chaque jour des visites étrangères et des hôtes qui viennent de loin lui apporter leur zèle, leur argent, de douces et consolantes paroles : les sœurs de la Charité, les membres du bureau de bienfaisance, toutes les œuvres de Paris, s'y donnent rendez-vous contre la maladie, l'ignorance et la dépravation. On se partage les rues, les maisons, et quelquefois même les étages, et souvent, dans ces grandes maisons remplies de pauvres de la cave au grenier, la sœur panse au rez-de-chaussée une blessure, la dame des pauvres malades s'arrête au premier étage pour lire un passage de l'*Imitation* à un mourant, pendant que le membre de Saint-Vincent de Paul court consoler sous les toits une pauvre famille qui attend comme une fête sa visite hebdomadaire, ou instruire un enfant plus espiègle que méchant, tout étonné d'entendre un beau monsieur, sans soutane et en chapeau rond, lui conseiller d'aller le dimanche à la messe.

On se plaint souvent de la multiplicité des œuvres, de la profusion des quêtes, de l'incertitude de leurs résultats : une visite au faubourg Saint-Marceau justifierait toutes les importunités de la charité, et apprendrait bien vite où va cet argent recueilli dans les salons, au milieu des fêtes; cette monnaie arrachée peut-être au jeu, cette pièce d'or dérobée à la marchande de modes, vont s'échanger, dans une pauvre demeure, en pain, en vêtements, en médicaments pour le malade, en bouillon pour le convalescent. A la vue de la joie et des bénédictions de toute une famille, qui aurait le courage de regretter son aumône?

C'était dans une de ces maisons bien connues des sœurs et des œuvres qu'habitaient, il y a quelques années, deux hommes d'origine, de nature, de passé bien différents, mais qu'avait rapprochés un malheur commun.

L'un d'eux atteignait alors sa quatre-vingtième année : vieux marin d'eau douce, d'humeur joviale et facile, sans souci, sans malice, le plus inoffensif et le plus simple des hommes. Tant que son bras avait été assez fort pour lancer ses filets, et son œil assez perçant pour les diriger, son métier de pêcheur avait suffi à ses modestes désirs et à ses besoins limités ; il n'avait jamais demandé pour vivre que des poissons à la Seine, et son existence avait coulé, à travers les années et les révolutions, calme et indifférente comme le fleuve qui le nourrissait. Il s'était marié, comme il arrive souvent aux ouvriers, pour trouver chaque dimanche son linge blanchi et chaque jour sa soupe chaude après le travail ; mais sa femme, habile ouvrière du reste et gagnant bien sa journée, était aussi curieuse et remuante qu'il était insouciant et pacifique, lisait la gazette, parlait beaucoup politique et morale, et paraissait s'intéresser bien plus aux affaires des autres qu'à celles de son mari. Le bonhomme avait trop de respect pour l'esprit et la science de sa femme pour oser lui demander compte du temps qu'elle passait loin de la maison, et de l'oubli qu'elle faisait de son pot-au-feu ; il se contentait de se plaindre tout doucement, en faisant frire lui-même ses petits poissons ;

mais lorsque l'âge eut ramené le ménage au logis et les eut enfermés tous deux dans leur modeste chambre, content de trouver, à heure fixe, ses nippes raccommodées et son dîner prêt, le père Thibaut (c'était son nom) se félicitait d'avoir à la fois retrouvé sa femme et son coin du feu, et s'endormait gaiement à la lecture d'un gros bouquin que celle-ci lui lisait chaque soir, et dont jamais il n'avait compris un mot. La femme avait plus de lumières et de prévoyance, et ne se dissimulait pas l'envahissement de la misère. L'élégante et habile ouvrière ne voyait plus même à raccommoder des bas; le pêcheur avait dû renoncer à la rivière, et était bien lent à faire quelques rares commissions imparfaitement payées. L'argent n'arrivait plus, le crédit s'épuisait ; il fallut se séparer de tout ce qu'avaient apporté et conservé dans le ménage l'aiguille de l'une et les filets de l'autre. Le mobilier, la garde-robe, et jusqu'aux couvertures, prirent peu à peu le chemin du mont-de-piété; et lorsque la maladie vint mettre au lit la ménagère pour ne plus lui permettre de se relever, les visites du médecin, les tisanes, les médicaments, la garde, épuisèrent tout ce qui restait. Le bonhomme n'épargna auprès de la malade ni soins ni veilles ; il fut aidé de ses voisins, qui lui prêtèrent leur temps et quelque peu d'argent; mais le jour où elle mourut, le misérable grabat sur lequel elle venait d'expirer appartenait depuis longtemps déjà au propriétaire qu'on ne payait plus, et pas un centime ne restait pour les frais de l'enterrement.

Ce fut en cette triste occasion que pour la première fois le père Thibaut eut recours aux sœurs de la Charité.

Riche ou pauvre, noble ou peuple, puissant ou faible, l'homme ici-bas a besoin de tout et de tout le monde. Pour qu'un seul individu puisse vivre, il faut que beaucoup l'aiment ou du moins que beaucoup s'occupent de lui. La Providence a partagé entre tous les membres de la famille les devoirs et les services d'affection dont l'enfant a besoin pour devenir un homme, et les lois humaines, suppléant par l'intérêt à un sentiment plus élevé, ont créé des fonctions spéciales pour chacun de nos désirs et divisé entre des millions d'individus la charge de pourvoir à tous nos besoins.

Mais pour obtenir il faut apporter, il faut donner pour recevoir; et toute l'économie de la famille et de la société repose sur cette réciprocité de services, sur cet échange et cette division infinie d'affections et de travail.

Le pauvre n'a jamais rien à donner : enfant, en échange des soins qu'il réclame, il n'offre qu'un surcroît de difficultés et de privations. Pendant que, dans les familles plus élevées, le nouveau-né fait entrer avec lui les caresses, les doux sourires, l'orgueil de la maternité, la perpétuité du nom et l'hérédité de la fortune, les plus doux et les plus puissants intérêts de la vie ; lui, il n'apporte à sa mère qu'une charge nouvelle, et prend la place du travail qui la faisait vivre ; plus tard, sa moindre maladie, sa plus légère infirmité ruine tous ceux qui l'entourent, et s'il arrive à la vieillesse, ses enfants se hâtent de rejeter ce fardeau sans compensation et de ne plus nourrir cette bouche inutile. La société lui est encore moins serviable ; il ne profite ni de ses progrès ni de ses facilités. Le boulanger n'a pas pour lui de pain, l'avocat de paroles, le maître de leçons, le médecin de visites, et les millions de toits qui couvrent tout un peuple n'offrent pas à sa tête un abri.

Mais les pauvres, il y a deux siècles, eurent en France un ami qui passa sa vie à sonder leurs plaies et à chercher les moyens de réparer en leur faveur les inégalités du sort. Les voyant dépouillés de tous les biens, exilés de tous les partages, il voulut concentrer pour eux dans une seule institution ce que Dieu et la société avaient jusque-là dispersé entre les divers degrés de la famille et les mille institutions humaines, et leur assurer d'un seul coup, et sans qu'il leur en coûtât rien, le dévouement et les services que la puissance, la fortune et le bonheur ne peuvent obtenir jamais qu'imparfaitement et par partie au prix de mille recherches et de mille sacrifices. Il réunit dans une seule personne la piété et la fervente prière de la religieuse, la sollicitude de la mère, l'expérience du médecin, les soins de la garde-malade, la patience de la maîtresse d'école, et jusqu'à l'adresse humble et dévouée de la servante, et de toutes ces sciences et de toutes ces vertus saint Vincent de Paul fit la sœur de la Charité.

La sœur que le père Thibaut appela trop tard auprès de sa femme remplit fidèlement toutes ces missions; elle pria sur la mort de celle qu'elle avait visitée et soignée malade, et à qui elle n'avait eu le temps d'apprendre qu'à bien mourir, et se fit le lendemain l'avocat et l'appui du pauvre vieillard, qui n'avait plus personne pour s'occuper de lui. Elle alla plaider sa cause auprès de son propriétaire, obtint la remise de sa dette, préserva son lit de la vente, et sauva sa vieillesse du dépôt de mendicité. Installé par ses soins portier d'une maison qui n'avait pas de porte, le père Thibaut gagna à cette sinécure un petit appartement, qui tenait à la fois de la cave et de la loge. Aux murs nus pendait un reste de filet, vieux comme son maître, usé comme lui, dont n'avait pas voulu le mont-de-piété, et où venaient de temps en temps se prendre quelques souris malavisées. Un lit de sangle, un petit poêle de sept francs fourni par les sœurs et où s'allumait, les grands jours d'hiver, le rare cotret du bureau de bienfaisance, un banc boiteux, un vieux fauteuil retiré du grenier d'un hôtel lointain, composaient son mobilier; un pantalon de toile, dont les pièces de toutes formes et de toutes couleurs avaient déjà plusieurs fois renouvelé l'étoffe, une écharpe d'un rouge passé, une veste qui avait été autrefois de velours, et un petit bonnet à la Masaniello, étaient toute sa garde-robe. La table n'était pas plus splendide que le logement. Il dînait tous les jours d'un morceau de pain et d'un peu de fromage; la générosité de la fruitière du coin y ajoutait quelquefois une poire cuite, et quelquefois encore les ouvriers, à l'heure où se suspend l'ouvrage, en échange d'un salut amical ou d'une plaisanterie du vieux temps, le prenaient sous le bras et l'emmenaient en chantant partager avec eux une bouteille de vin sur un comptoir du voisinage. Le bon vieillard, reconnaissant de la bienveillance générale, ne se plaignait jamais de ce qu'il n'avait pas, tâchait de se rendre utile à tous ceux qui l'entouraient, apprêtait des lignes pour les petits garçons, surveillait la boutique pendant l'absence du voisin, faisait un peu de conversation avec les bonnes femmes du quartier, saluait en riant tous les passants, et priait Dieu pour tout le monde. Mais il avait des jours de fête qu'il n'aurait pas donnés pour tous les biens de la terre : c'était lorsque, attirée par le désir de faire le bien, quelque dame, laissant à la porte du faubourg son équipage, s'acheminait vers sa loge, s'asseyait sur le banc auprès du petit poêle, lui demandait de ses nouvelles, et lui faisait raconter comment, depuis sa dernière visite, il avait passé le temps. Ce jour-là, le bonhomme ne répondait que par interjections ; son étonnement, sa reconnaissance, étaient plus forts que sa raison ; il confondait alors les jours, les heures, les personnes, demandait à une petite fille des nouvelles de son mari, et prenait une dame de charité pour la femme d'un empereur. Mais il y avait sur cette bonne et candide figure tant de joie, dans ces yeux ranimés tant de douces larmes, qu'assurément nulle heure de la vie du monde, nul succès, nulle fête, ne devaient laisser dans le cœur de celle qui en était l'occasion, d'aussi délicieux souvenirs.

La première impression, à l'aspect du réduit du pauvre, est terrible contre la société, ses lois, les inégalités qu'elle consacre et qu'elle maintient. A la vue des jouissances d'un côté et des souffrances de l'autre, de ce qui manque ici et de ce qui là-bas surabonde, on se sent révolté contre l'injustice, et il s'élève en l'âme comme une émeute et un besoin de révolution. Mais la joie de l'habitant de cette mansarde, quand la richesse et la grandeur viennent le visiter, fait pardonner aux avantages du rang et de la naissance, et réconcilie avec la fortune mieux que toutes les théories qui s'appuient sur les droits et les conventions humaines ; la charité légitime les priviléges, et la meilleure et la plus juste apologie des supériorités sociales sera toujours le bien qu'elles permettent de faire. Assurément, le jour de ses belles visites, comme il les appelait, le père Thibaut était bien loin de regretter l'égalité ; son humilité était fière de la splendeur et de l'élégance qui descendaient jusqu'à lui, son dénûment se parait des belles choses qu'il admirait, et, pour être satisfaite, sa pauvreté n'en réclamait pas le partage; la moindre obole lui suffisait.

Ceux qui craignent de voir leur monnaie tomber dans le gouffre de la misère aussi inutilement que le grain de sable jeté dans l'Océan pour le combler, n'ont jamais réfléchi à tout le bien renfermé dans une pièce de cent sous; cinq francs, le prix d'un bouquet, d'une paire de gants, d'une mauvaise place à l'Opéra, c'est, pour un homme affamé, plus de trente livres de pain, le pain de plus de quinze jours! c'est le demi-mois d'une nourrice pour l'enfant dont la mère a trop souffert pour avoir du lait! c'est la couverture qui empêche, trois ou quatre hivers, un ménage de mourir de froid sur la paille ou sur ses chiffons! c'est, au faubourg Saint-Marceau, le logement pendant un mois de toute une famille!

Pour le père Thibaut c'était autre chose, mieux peut-être : débarrassé de son loyer, ayant droit par ses quatre-vingts ans au pain de la charité publique, la petite aumône de son visiteur lui apportait ce qui est plus doux, mieux reçu que le strict nécessaire, le luxe du pauvre, le superflu de celui qui n'a rien : un pot-au-feu de temps en temps, un peu de sucre, un peu de café, peut-être même, quoiqu'il s'en défendît, la petite goutte qui, le matin, réchauffe le vieillard; une autre fois c'était le prix d'un chapeau d'occasion, d'une paire de souliers demi-neufs pour remplacer ses sabots les jours de fête, ou bien encore son anneau de mariage, dont il ne s'était séparé qu'en pleurant et qu'il allait tout joyeux retirer du mont-de-piété.

Mais le pauvre est comme la Providence, il apprécie surtout les choses par la peine qu'elles donnent et par le sentiment qu'elles expriment; il distingue très-bien dans l'aumône l'ennui qui cède, le dédain qui jette, ou l'affection qui aime à partager. C'est dans ce sens que son ingratitude est souvent de la justice. Dans la visite qu'il reçoit, il tient compte du froid, du mauvais temps, de la longueur de la route, de la boue où se met votre pied, de la poussière que, pour entrer chez lui, balaye votre robe ou votre manteau. Se déranger d'un beau quartier pour aller voir un pauvre vieillard, quitter une chambre bien fermée, une cheminée où brûle beaucoup de bois, pour sa loge ouverte et sans feu; s'enquérir de sa santé, de ses affaires, lorsqu'on a chez soi du grand monde à recevoir, des livres amusants à lire, de beaux enfants à aimer : voilà ce qui attendrissait le père Thibaut bien plus que l'argent qu'on lui apportait, ce qu'il ne cessait de raconter à tous ses voisins et de recommander dans ses prières aux récompenses du Seigneur.

Nombre de gens se plaignent d'être inutiles en ce monde, de promener de salon en salon leur vie stérile et inoccupée : qu'ils descendent un instant de ces hauteurs de la société d'où ils regardent avec plus d'effroi que de pitié ceux qui, dans la vallée, s'agitent et souffrent, ils rencontreront bien vite un intérêt à leurs ennuis, un emploi à leurs loisirs, et se découvriront une puissance dont il leur était impossible de se douter. L'heure dont ils ne savent que faire changerait peut-être là-bas un gémissement en cri d'espérance, une malédiction en action de grâces et une haine en dévouement. Ce serrement de mains qu'ils prodiguent sans affection et sans discernement, relèverait le courage d'un honnête homme qui meurt du désespoir de son abandon, et il ne faudrait qu'une de ces visites qui passent ennuyeuses et inaperçues, et que le soir déjà le monde ne se rappelle pas, pour faire bénir un nom dans un de nos pauvres faubourgs pendant toute une semaine.

Le père Thibaut vécut quelques années de l'intérêt et de la bienveillance de tous, et se reposa doucement de ses longs et anciens travaux ; mais, hélas ! le travail est un de ces rudes compagnons dont on se plaint sans cesse et dont on ne peut facilement se passer. Tant qu'il est avec nous, nous le querellons de ses exigences, nous envions qui lui échappe, nous lui reprochons de vendre bien cher le pain qu'il promet ; mais dès qu'il s'éloigne, lors même qu'il ne laisse pas la faim à sa place, après les premiers jours de la délivrance, on le cherche, on l'appelle, on ne sait comment remplir le vide de la journée ; notre activité sans emploi se tourne contre notre repos, et l'ennui, ce ver rongeur de la sécurité et du loisir, vient bientôt révéler le prix de la peine et tout ce que Dieu a caché de bonheur dans le travail. Le vieux pêcheur n'échappa pas à cette tardive expérience, et finit aussi par se fatiguer de n'avoir plus rien à faire.

Les distractions ne purent longtemps suffire, et d'ailleurs la rue était souvent déserte, le voisinage occupé, le temps pluvieux, et la visite impatiemment attendue n'arrivait pas ; il se prit alors à regretter les années si laborieuses de sa jeunesse et de son âge mûr, les caprices et les fatigues de la pêche, ce mélange d'adresse et de fortune qui fait l'émotion du coup de filet, et le tapis mobile de la Seine où se jouait son dîner de tous les jours ; il regretta aussi les soins donnés plus tard à la maladie de sa femme, les nuits où il avait veillé pour lui procurer un peu de sommeil, et jusqu'à ces poignantes inquiétudes qui avaient entouré son lit de mort et donné tant d'importance à chaque moment et tant de prix à chaque heure. Aujourd'hui les heures passaient sans intérêt et sans devoirs, car personne n'avait plus besoin de lui; il avait beaucoup d'affection, beaucoup de reconnaissance pour tous ceux qui lui faisaient du bien, mais il ne pouvait rien pour eux, et le sentiment de son inutilité pesait douloureusement sur son cœur.

Son aimable et douce insouciance ne put résister à l'influence du mécontentement et de l'ennui. La sérénité de son caractère s'altéra peu à peu; le bonhomme, tout à l'heure si content de son sort, commença à se plaindre de la vieillesse et de la misère. On n'entendit plus ses joyeuses chansons et son gai propos, on ne le rencontra plus dans ses promenades favorites, à la place qu'il avait coutume de prendre au soleil; mais, solitaire et taciturne, il se réfugiait au fond de sa loge pour pleurer en cachette et sans trop savoir pourquoi. En vain les bonnes paroles de la sœur tâchèrent de le rappeler à sa gaieté passée; elles l'attendrissaient sans pouvoir le consoler. Quand on venait le voir, on retrouvait encore la bonne volonté, mais non l'effusion de son accueil; on sentait qu'en le quittant on emporterait cette joie éphémère, et un profond abattement perçait à travers l'effort de son sourire.

Les voisins, ne le voyant plus, l'oublièrent; les pauvres comme lui, le sachant visité et secouru, l'accusèrent d'injustice et de mauvaise humeur; plus d'un de ses protecteurs lui fit un grief de son changement et alla chercher ailleurs une misère plus sensible au bonheur de ne pas manquer de pain.

La tristesse et les ennuis du pauvre père Thibaut s'augmentèrent de ces abandons. Chaque jour lui enlevait de ses forces et de son courage, et la mort semblait déjà s'annoncer par un malaise qui ne le quittait plus, lorsqu'une circonstance inattendue vint ranimer sa vie près de s'éteindre, en offrant une bonne œuvre à faire à ses dernières années.

Vis-à-vis de sa loge, et séparée seulement par un corridor qui conduisait à l'escalier de la maison, s'ouvrait une petite chambre qui n'avait rien de plus splendide que la sienne, et dont la fenêtre donnant sur la rue portait pour carreaux plus de feuilles de papier que de vitres. Longtemps, malgré la modicité du loyer, elle était restée vacante, elle servait d'asile gratuit aux chiens errants, ou à ces pauvres diables qui, chassés de leurs garnis faute de payement, vont demander un lit aux voûtes des ponts, aux pierres des allées ou à la paille des remises mal fermées, jusqu'au moment où la patrouille leur donne pour gîte une prison. Un jour cependant une marchande de charbon la trouva assez grande pour ses magasins, assez ornée pour ses marchandises, obtint du propriétaire qu'on mît une serrure à la porte, et y vint installer un sac de poussier et quelques fagots.

La nouvelle locataire n'en était pas à son début dans le commerce, et avait passé par de grandes vicissitudes avant d'aller se réfugier dans le faubourg Saint-Marceau. Son mari, gros marchand de bois, avait autrefois emmagasiné plus d'une forêt dans un des vastes chantiers des boulevards extérieurs, et chauffé les plus élégants hôtels de Paris; mais de faux calculs sur la durée et l'intensité du froid, le désir d'enlever à ses concurrents de grandes adjudications, et, plus que tout cela, la manie de jouer à la bourse les profits de la vente, avaient embarrassé les affaires d'abord très-brillantes, et conduit la maison jusqu'à la faillite. Depuis ce malheur, aggravé encore par la mort du négociant ruiné, la veuve, ayant sauvé sa dot du naufrage, quitta le chantier pour une boutique voisine, descendit du bois au charbon et de la bûche aux fagots, et espéra regagner en détail ce que le commerce en gros lui avait fait perdre; mais les pauvres femmes isolées, sans appui, sont bien faibles contre les difficultés de l'industrie et les mauvaises chances de la vente, et une terrible alternative pèse toujours sur un nouvel établissement quand il s'adresse aux très-petites fortunes; l'achalandage ne s'obtient que par la vente à crédit, et les pratiques, toujours nombreuses pour acheter à cette condition, deviennent rares aux jours du payement. Celles de la veuve oubliaient facilement au printemps les dettes de l'hiver, et la sentence du juge de paix servait peu contre des débiteurs qui n'avaient rien ou si peu de chose que la bonne femme finissait toujours par leur laisser en aumône ce qu'elle aurait dû recevoir en payement. En suivant ainsi son bon cœur et son inexpérience, elle était forcée à chaque bail de changer de quartier, de diminuer son loyer et son commerce, et de laisser en gage un peu de sa fortune et de ses meubles. Lorsqu'elle arriva au faubourg Saint-Marceau, elle venait d'abandonner jusqu'à son poêle en à-compte du terme de sa dernière étape, et, par une singulière ironie du sort, se trouvait exposée à souffrir du froid entre ses cotrets et ses charbons.

La pauvre femme avait avec elle une petite fille d'une douzaine d'années, dont le berceau avait eu des rideaux de mousseline et pour laquelle on avait rêvé, à sa naissance, de beaux établissements et de bonnes alliances ; maintenant, noire et déguenillée comme sa mère, elle faisait avec elle le triste apprentissage de la misère. Une troisième personne les accompagnait.

En louant le magasin et un cabinet sans fenêtre, juste assez grand pour la vieille paillasse qu'elle partageait la nuit avec son enfant, la charbonnière avait retenu au-dessus une chambre un peu plus propre et un peu moins petite, et le jour de son emménagement elle pria le père Thibaut, comme portier de la maison, d'aider un aveugle à monter jusqu'à ce modeste entre-sol.

L'apparence de cet homme était pauvre ; ses vêtements, longtemps portés, annonçaient un complet dénûment ; il marchait en chancelant et à tâtons comme cherchant de la main un appui, et cependant on éprouvait à son aspect un tout autre sentiment que celui de la pitié. Sa figure froide et dure, ses traits amaigris et creusés portaient la trace de malheurs supportés avec plus d'énergie que de résignation; sa parole brève, nette, saccadée, d'une précision et d'une pureté remarquables, contrastait avec l'humilité de sa condition présente et semblait plutôt faite pour le défi que pour la prière. De ce front sillonné de rides, de ces yeux éteints, de toute cette austère physionomie s'échappait comme une amère provocation contre les hommes et la destinée. C'est qu'en effet cet homme n'avait pas à se louer de la vie, et quand, dans le silence de ce monde extérieur qui lui était à jamais fermé, il rentrait au dedans de lui-même; quand, avec cette pénétration habituelle aux aveugles, il revenait dans son passé et parcourait des yeux perçants de sa mémoire les événements déjà lointains de son existence, il trouvait moins à remercier qu'à maudire.

Né en Corse d'une famille dans l'aisance, attachée à la maison de Louis XVI, et que la révolution avait dispersée, il était parti à seize ans soldat de la république pour les champs de bataille de la Vendée; peu de temps après, il se battait dans les mers de l'Inde sous-officier sur les vaisseaux de l'amiral Linois. Plein d'ardeur et d'intelligence, inébranlable au feu, distingué plutôt qu'aimé de ses chefs, il touchait à l'épaulette lorsqu'une malheureuse rencontre en plein Océan le fit prisonnier et le cloua pour longtemps sur les pontons de l'Angleterre. A son retour en France après la paix ses parents étaient morts ou expatriés, les cinquante mille francs de la succession de sa mère n'étaient plus que des assignats sans valeur, et il ne lui restait de ses campagnes et de son exil que la perte de ses ressources et de ses appuis et l'ignorance d'un état. Mais il avait achevé l'instruction de ses premières années dans les loisirs de la prison; son caractère naturellement ferme s'était trempé dans les souffrances et roidi contre le besoin. Il chercha un état où le travail ne fût pas l'ennemi de l'intelligence, et résolut de se faire imprimeur. Insensible au repos, au plaisir, il travailla nuit et jour, devint rapidement d'apprenti ouvrier et d'ouvrier maître, et, en peu d'années, il était à la tête d'une imprimerie, occupant plusieurs ouvriers, avec des relations étendues, de nombreuses commandes, et tout près de cette vogue qui fait en si peu de temps la fortune de ceux qu'elle adopte.

Tout à coup, un matin, à son réveil il lui semble que le soleil ne s'est pas levé, les objets environnants échappent à sa vue. Inquiet, il appelle, on vient, il entend parler, marcher autour de lui, il ne voit personne, un voile épais est tombé sur ses yeux : pendant la nuit il était devenu aveugle.

Ce terrible coup ne l'abattit pas : rassuré par un oculiste habile qui lui promit sa guérison, il prit en patience les ténèbres, n'interrompit pas ses travaux, chargea son premier ouvrier de le suppléer, et, se faisant rendre compte chaque jour de ses affaires, continuant à donner des ordres et à diriger sa maison, il attendit sans murmure et sans plainte l'opération de la cataracte.

Au jour fixé il arrive plein d'espérance, présente sans hésiter son œil à l'opérateur. L'acier tranche, pénètre, soulève un instant le voile qui dérobe le jour : le patient sent tomber sur lui un rayon de lumière, pousse un cri, et retombe dans la nuit éternelle. Dès ce moment tout fut dit ; trompé par des agents qui abusèrent de son malheur ; livré sans défense à toutes les supercheries, à tous les vols, il fallut songer à vendre l'établissement si laborieusement fondé, et qui, privé de sa tête, ne prospérait plus ; d'indignes spéculateurs, acharnés comme le vautour à tout ce qui tombe, fondirent sur cette affaire, surprirent sa signature, et en échange de sa maison lui firent un procès.

Les poursuites, les citations, les plaidoiries dévorèrent en peu de temps ce que la maladie avait épargné; sa nature indomptable, aigrie par l'injustice, voulut y dépenser jusqu'à son dernier sou, et, après deux ou trois jugements opposés, l'imprimeur, dépossédé par l'impossibilité de payer les frais de l'appel, fut jeté dans la rue, mendiant et aveugle.

Sa première idée fut celle du suicide. La vie des camps et des ateliers, cette habitude de ne compter jamais que sur ses propres forces, et de ne demander qu'à soi la fortune et le pain de chaque jour, et, plus que tout cela, la mauvaise influence des livres qu'il avait lus, avaient éloigné de lui tout souvenir des croyances de ses premières années et des devoirs qu'elles imposent. La mort lui paraissait un refuge naturel et facile, et il eut la pensée de se faire conduire au bord de l'eau. Mais son orgueil se révolta contre l'abandon de la lutte, et il ne voulut pas, en fuyant le danger, s'avouer vaincu. Dès lors, dressant sa tête contre l'orage il amassa dans son âme des trésors de colère et de révolte; privé de tout, passant des jours entiers sans un morceau de pain, dédaignant souvent d'en demander, ignorant chaque matin où le soir reposerait sa tête, il se fit comme une joie de ses privations et une volupté de son malheur. Après une longue journée de fatigues et de rebuts, il se plaisait, couché par terre, à évoquer son passé, à recréer le monde de ses souvenirs; il faisait passer devant lui les illusions de sa jeunesse déçues comme celles de son âge mûr, sa bravoure lui méritant des fers, ses rêves de gloire et d'avancement finis dans une prison ; plus tard, son travail, son économie, sa persévérance récompensés par la cécité et la ruine; et, s'armant de tous ces griefs contre la société et la Providence, il s'enivrait de la haine qu'il portait aux hommes et à Dieu.

La charbonnière l'avait rencontré un jour dans un bureau de bienfaisance où il allait, non pas demander, mais exiger les cinq francs que la charité publique accorde par mois aux aveugles. Elle l'avait connu dans des temps meilleurs ; voisins alors, ils s'étaient rendu de mutuels services ; elle avait trop souffert depuis pour les avoir oubliés, et, prenant pitié de son abandon, elle lui offrit d'associer leurs décadences.

Cette proposition étonna d'abord l'aveugle, qui ne croyait pas au désintéressement de la compassion; puis il l'expliqua par un calcul : on voulait, pensa-t-il, partager son pain et sa petite pension. Mais comme en échange il devait trouver dans la femme une servante, et dans la petite fille un bâton et un chien, il finit par accepter le marché. Depuis cette association, il demeurait silencieux et étranger dans la famille, dédaignait la compagnie et la conversation de ces pauvres gens, et n'ouvrait la bouche que pour se faire obéir. La mère et la fille subissaient sans se plaindre l'ascendant de cette intelligence et de cette forte volonté, et plus encore peut-être l'immense influence que prennent sur les femmes la souffrance et le délaissement. La vie de l'aveugle en était moins vagabonde et moins incertaine, car il avait maintenant son gîte et son dîner ; mais elle n'en était pas plus heureuse : sa plus grande facilité d'existence laissait plus de temps à ses souvenirs, et son esprit moins distrait pouvait se livrer sans contrainte à toute sa misanthropie. La pauvre femme s'habitua bientôt à respecter le silence et la tristesse de son hôte ; presque toujours occupée de son ménage et de son commerce, elle le voyait à peine, ne s'inquiétait que de sa soupe, et lorsque la petite fille, qui le conduisait en tremblant sans jamais oser dire un mot, eut atteint l'âge de l'école, elle ne se fit pas prier pour apprendre à lire, et se trouva bien heureuse de passer ailleurs la plus grande partie de sa journée. Ainsi l'aveugle n'avait plus de guide à son entrée dans la maison dont le père Thibaut était portier.

A la vue d'un pauvre homme incapable de trouver seul la route de sa chambre, le vieux pêcheur s'empressa de venir à son aide ; il lui prêta le bras pour monter l'escalier, l'installa dans son nouvel appartement, et lui rendit tous les petits services qu'exigeaient son inexpérience du local et son infirmité. Ces soins étaient accompagnés de ces paroles banales qui accueillent tous les nouveaux venus, mais auxquelles un accent réel d'intérêt et de pitié donnait un sens. Ce jour-là l'aveugle fut plus grondeur, plus morose encore que d'habitude, ne cessa de s'impatienter, et se vengea de quelques maladresses par mille sarcasmes contre le quartier et l'ennui d'avoir sans cesse besoin de gens qu'on ne connaît pas et dont on ne se soucie guère. A toutes ces boutades le père Thibaut ne répondait que par un sourire ; il mit la rudesse du nouveau venu sur le compte de la maladie et de la fatigue, se reprocha tout bas ses gaucheries, et descendit de cette première entrevue avec la seule pensée de mieux faire le lendemain ; puis, rentré dans sa loge qui lui parut moins solitaire, sa soirée se passa à chercher des moyens de rendre l'entre-sol plus commode, l'escalier moins glissant, le corridor moins humide, et il s'endormit plus content que la veille, en ajoutant à sa prière un mot pour le pauvre aveugle.

Le lendemain, levé avant tout le monde, il courut annoncer aux sœurs l'arrivée de son voisin, leur peignit sa souffrance, sa pauvreté, sans parler de sa mauvaise humeur, et emporta pour lui le plus beau pain de la maison. Quand l'aveugle voulut sortir, il le promena par les plus larges rues, écartant les cailloux de la route, le faisant asseoir sur tous ses bancs de prédilection, et se tenant debout devant lui pour éloigner de son visage les rayons du soleil, qui le brûlaient sans l'éclairer.

Chacun des jours suivants le vit redoubler d'empressement et de soins. Peu à peu l'aveugle devint l'intérêt, l'occupation, le devoir de tous ses moments ; il étudiait ses goûts, se pliait à ses caprices, sans jamais témoigner ni colère ni impatience, lui prêtait ses bras, ses yeux, son temps, tout ce qu'il avait de forces et d'industrie, ne profitait de ce qu'il ne voyait pas que pour ajouter à son maigre dîner quelque chose du sien ; et le bonhomme était content lorsqu'à fin de la journée il avait obtenu une parole plus douce, et que sur cette figure si triste et si sévère il avait vu passer un sourire.

Pendant quelque temps l'imprimeur parut insensible à tout ce dévouement : dans sa chambre, à la promenade, il se parlait à lui-même, et continuait à exhaler sa colère contre les hommes et les choses, ne faisant attention à son docile guide que pour le brusquer et se plaindre ; mais bientôt, sans qu'il s'en aperçût, sans qu'il voulût se l'avouer à lui-même, le père Thibaut lui devint nécessaire, et il se sentait plus triste, plus malheureux, quand il n'avait pas eu à gronder cette bonne créature. Le bruit des pas du pêcheur, le son de sa voix chassaient ses noires rêveries. Souvent il cherchait instinctivement le bras de son voisin comme un appui contre les mauvaises idées, et, plus d'une fois, à l'heure où se faisait ordinairement sa promenade, il entr'ouvrait à tâtons la porte, et prêtait l'oreille pour essayer d'entendre la petite chanson du vieillard qui annonçait le beau temps et lui donnait le signal de se préparer à descendre.

Un jour du printemps, comme le ciel était

pur et l'air doux, la promenade commencée de bonne heure s'était passée dans un silence qui avait depuis quelque temps beaucoup perdu de sa sévérité ; les deux compagnons semblaient s'entendre sans se parler, et je ne sais quelle meilleure intelligence se peignait sur leurs visages. Tout à coup le père Thibaut hasarda quelques remarques sur le beau temps ; car son imagination n'était pas à la mesure de son cœur, et le temps était pour lui, comme pour tant d'autres, un texte inépuisable d'éloquence. Pour la première fois, l'aveugle parut désirer que la conversation ne s'arrêtât pas à la première phrase, et fit quelques questions à son guide sur les années de sa jeunesse. Celui-ci la lui raconta avec toute la naïveté, toute la confusion de son ignorance, mêlant des parties de pêche aux grandes journées de la révolution, et les changements de gouvernement à ses affaires domestiques. Sa mémoire, affaiblie par l'âge, confondait un peu les noms et les époques, et expliquait singulièrement les événements qu'il avait traversés sans les comprendre, sans même les remarquer, et dont il avait peine à débrouiller l'histoire. L'imprimeur sur ce point en savait plus que lui ; il ne put s'empêcher de rire de ses narrations et de ses jugements, et prit quelque plaisir à redresser les dates, à rétablir les faits et à apprendre à son compagnon ébahi les grandes choses que celui-ci avait vues jadis et dont il ne se doutait guère ; puis il se laissa entraîner peu à peu à raconter les incidents de sa propre vie, les campagnes de la Vendée et de l'Océan, sa prison d'Angleterre, son retour, et les prospérités de son apprentissage. Le bonhomme l'écoutait avec de grands yeux, et ne revenait pas de tout ce que savait et avait fait son voisin. Vint ensuite le récit des disgrâces, de la maladie, des injustices, de la ruine.

En confiant pour la première fois à un autre ce que depuis longtemps il avait accumulé sur son cœur, l'aveugle devint véhément et pathétique, sa parole s'anima, son indignation le reprit ; il fut terrible et impitoyable contre ceux qui lui avaient fait du mal ; mais, en avançant, il subissait l'influence de celui qui l'écoutait et qui pleurait beaucoup ; ses expressions perdirent de leur dureté, ses récriminations de leurs injures, et à la fin de son récit il y avait plus de plaintes que de malédictions, plus de chagrin que de colère ; on eût dit que chaque goutte de fiel s'adoucissait à mesure qu'elle tombait de l'âme ulcérée de l'aveugle dans l'âme aimante du vieillard. Après quelques instants de silence, le père Thibaut opposa timidement quelques bonnes actions à ces méchancetés, et, reprenant à son tour l'histoire de sa vie au jour où la force était partie, où était venue la misère, il raconta le soin qu'on avait pris de lui vieux et sans travail, l'obligeance de ses voisins, le dévouement des sœurs, la visite des dames ; tout en devisant, il conduisit son auditeur jusqu'à la maison de secours.

Si, comme il a été dit plus haut, la sœur de Saint-Vincent de Paul réunit en sa personne tous les genres de fonctions et de services en faveur des pauvres, la maison de secours qu'elle habite et qu'elle dirige dans chacun des quartiers de Paris résume à elle seule tous les établissements dont il a besoin. Dans une étroite enceinte, suffisant à peine aux remises et aux écuries d'un hôtel, se trouvent à la fois la pharmacie, le cabinet de consultation, la lingerie, la cuisine, l'école gratuite des petits enfants ; et la cour elle-même, de la grandeur d'un beau salon, est le chantier où, pendant l'hiver, le vieillard et l'infirme vont chercher leur fagot mensuel.

Dans la partie la plus retirée de la maison logent les sœurs. Leur réfectoire leur sert en même temps de bibliothèque et d'atelier ; c'est là qu'après le repas et dans les courts loisirs que leur laissent leurs malades, elles travaillent encore pour eux, font des chemises, tricotent des bas, taillent des layettes, pendant que l'une d'elles lit à haute voix quelques pages de l'Évangile ou de la Vie de leur saint fondateur. Au premier, et à côté d'un modeste dortoir, se cache une petite chapelle, dont l'autel porte pour ornements des chandeliers de bois et des fleurs de papier peint, mais où chaque soir viennent s'épancher comme un encens divin les bonnes actions de la journée.

Mais la pièce la plus curieuse de cette maison de Dieu, celle où il faut s'être assis pour comprendre toutes les extrémités de la charité et de la misère, et dont on n'oublie jamais l'impression et les enseignements, c'est le salon où la sœur supérieure donne ses audiences.

A toute heure du jour la salle qui le précède est envahie par la foule, et nul cabinet de ministre, nul salon où se distribuent la fortune et la puissance n'est assiégé de plus de solliciteurs; car chacun ici a aussi une faveur à demander et des titres à faire valoir. Mais sur ces figures pâles et fatiguées les rides ont été creusées par d'autres mains que celles de l'ambition. La faim, le froid, la maladie ont blanchi ces cheveux, sillonné ces fronts, décoloré ces visages. Un pain, un peu de farine pour les mères nourrices, des tisanes pour les malades, une botte de paille, le prêt d'une paire de draps, voilà les faveurs qu'on poursuit ; un lit à l'hôpital, une admission à Bicêtre ou à la Salpétrière, voilà les places qu'on sollicite ; et qui pourrait envier les titres sur lesquels s'appuient les demandes, et les droits que donnent une femme malade, un enfant estropié, une paralysie ou quatre-vingts ans de misère ?

Par un préjugé encore trop répandu parmi ceux qui ne les connaissent pas, l'aveugle n'avait pas voulu jusqu'ici se mettre en rapport avec les sœurs. Il se défiait, disait-il, de leur fanatisme, de leur petit esprit, de cette partialité inévitable pour quiconque affiche des sentiments dévots et des pratiques religieuses. Les sœurs le savaient, et faisaient passer leurs secours par les mains du père Thibaut, en regrettant de ne pouvoir porter à un affligé ces douces paroles qui donnent tant de valeur aux secours ; aussi, quand elles l'aperçurent appuyé sur le bras de son vieux guide, elles l'accueillirent comme un ami depuis longtemps désiré, et lui donnant sur les habitués qui attendaient une préférence justifiée par la parabole du bon Pasteur, elles se hâtèrent de l'introduire par une porte particulière dans le salon de la mère supérieure.

La pièce dans laquelle entra l'aveugle était connue dans tout Paris sous le nom du parloir de la rue de l'Épée-de-Bois ; on ne savait ce qu'on devait admirer le plus, sa réputation ou son humilité. A demi éclairée par une fenêtre sans rideaux, décorée d'un papier émérite que depuis trente ans lui disputaient les souris, elle avait pour tapis un paillasson et pour tableaux quelques portraits lithographiés que recommandait la sainteté des personnages plus que le talent des artistes. La cheminée, dont le feu était presque toujours éteint, portait une vieille pendule qu'on oubliait ordinairement de monter ; sur une planche qui servait de console, deux ou trois livres de prières, des lettres, des suppliques, des billets de quête, des cartes de dispensaires se mêlaient aux bons des sociétés charitables, et deux fauteuils à peu près hors de service laissaient échapper leur crin entre quatre chaises de paille.

Beaucoup de tentatives avaient été faites, beaucoup de conspirations ourdies contre la nudité de ce salon. Plus d'un fauteuil en belle tapisserie, plus d'un meuble en acajou s'étaient furtivement glissés, pendant l'absence de la sœur, comme souvenir d'une lointaine visite et remercîment d'un bon accueil. Mais toujours, le lendemain de ces surprises, une pauvre famille, faute de payer son lourd loyer, allait être chassée de sa maison ; quelque paralytique, incapable de supporter le lit, avait besoin d'un appui moins dur que la pierre ou le bois pour étaler ses membres demi-morts. Le cadeau devenait une bonne œuvre, le salon reprenait sa misère; mais il y avait une souffrance de moins dans le faubourg Saint-Marceau.

Un grand christ de bronze sur un fond de velours faisait seul exception à la simplicité générale; l'excellence de ses formes, la richesse et le bon goût de son encadrement, l'abandon de ses membres mourants, l'expression à la fois si souffrante et si céleste de sa physionomie révélaient la main d'un maître; ce chef-d'œuvre fixait les regards, mais sans les étonner. On sentait qu'il était à sa place au milieu des pauvres et des petits, et, comme Celui dont il était l'image, il ressortait plus beau et plus glorieux du contraste d'humilité qui lui faisait auréole.

Jusqu'à la porte qu'il venait de franchir, l'aveugle s'était laissé conduire sans réflexion et sans résistance. Tout entier à l'émotion de sa promenade, il s'était abandonné au bras de son guide avec un vague pressentiment du chemin qu'il suivait, et comme s'il eût craint, en le demandant, d'être obligé de le refuser. Mais quand il fut dans la cour, quand il entendit la voix des sœurs qui le saluaient et disaient bonjour au père Thibaut, le vieil homme se réveilla en lui : il eut honte de son attendrissement, se repentit de son laisser-aller, et fut sur le point de retourner en arrière. Il n'était déjà plus temps. Le père Thibaut, qui n'était pas dans le secret de son orgueil, avait entraîné ses pas, et, avant qu'il eût pu réclamer, il était en présence de la sœur supérieure.

Il se promit au moins bonne vengeance de ce guet-apens, et ce fut de son maintien le plus froid et le plus compassé, de son accent le plus bref, qu'il répondit aux bienveillantes paroles qui l'accueillirent ; puis, sans paraître s'inquiéter de qui l'écoutait, il se jeta brusquement dans une dissertation sur l'ignorance et les préjugés, et n'épargna ni sarcasmes ni persiflage pour déconcerter la pauvre sœur, qu'au grand étonnement du père Thibaut il affectait d'appeler toujours madame. Mais il avait affaire à une de ces intelligences à qui Dieu et la charité ont révélé plus de secrets que n'en peut cacher la parole humaine, et la supérieure avait manié trop de souffrances, pansé trop de blessures, pour ne pas, à travers le dédain et l'ostentation, apercevoir la plaie cachée.

Entrée pour la première fois à l'âge de quinze ans dans le faubourg Saint-Marceau, cette fille aimée de Saint-Vincent de Paul n'avait pas quitté depuis quarante ans le quartier confié à son dévouement, et y avait été successivement novice, sœur et supérieure de la maison qu'elle habitait.

Les vieillards qu'elle avait visités, les malades soignés par elle pendant son noviciat, étaient morts depuis longtemps en bénissant sa jeunesse; les enfants qu'elle instruisait alors envoyaient maintenant leurs petites filles à son école; presque tous les ménages mariés par ses soins avaient retrouvé plusieurs fois ses secours dans les jours mauvais du chômage et de la maladie; et dans ces familles à santé chancelante et à courte vie, elle avait souvent conduit et soutenu plusieurs générations du berceau à la tombe : car, depuis le jour de son installation comme sœur de la Charité, elle s'était donnée tout entière, sans restriction, sans réserve, à ces pauvres gens. Jamais elle ne leur avait dérobé volontairement une heure, une course, une parole. Il y avait de nombreux quartiers qu'elle n'avait jamais parcourus, des monuments connus de tout voyageur qui passe un jour à Paris, et dont elle ne savait que le nom; et pendant ces quarante années elle n'avait passé les limites de son faubourg, franchi le seuil d'un hôtel, pénétré au delà des mansardes de ses pauvres, que pour plaider leur cause, présenter leurs pétitions et leur rapporter quelques grâces ou quelques dépouilles. Sa réputation de charité avait été plus loin qu'elle, et lui attirait sans cesse ce monde qu'elle ne cherchait pas. Des visites de toutes classes, de toutes positions, venaient prendre son temps et encombrer la maison de misères étrangères. A l'un il fallait un conseil, à l'autre un renseignement, à celui-ci une place, à celui-là du travail. Toute œuvre pour réussir avait recours à son appui; toute souffrance se sentait soulagée quand elle avait une recommandation pour elle. Le prisonnier lui faisait demander sa liberté, l'employé son avancement, le soldat son congé, et souvent, dans ce petit salon, un voyageur attendait ses lettres pour Rome ou Constantinople, pendant qu'un jeune lévite, apprenti de la charité, emportait le nom d'un enfant à instruire ou d'un malade à visiter.

Les riches et les heureux du siècle venaient à elle comme les autres, et lui demandaient aussi aide et pitié. Car, quels que soient le rang et la fortune, nous sommes tous pauvres par quelque endroit et nous avons besoin de la sœur de la Charité. Combien d'âmes à qui rien ne manque de ce que la terre donne et que la foule envie, se sont-elles échappées de leur luxe et de leur bonheur pour aller en pleurant demander aux malheureux une prière! Souvent, lorsque autour d'un lit qui va devenir funèbre, à l'heure où toute hésitation est mortelle, la science convoquée à grands frais se trouble et dit : Je ne sais pas, — du groupe de parents et d'amis sans espoir se détache une femme, celle peut-être dont on raillait la superstition dans les jours de sécurité; elle ne va pas, comme quelques-uns, à la quête d'un nouveau remède ou chercher un médecin de plus; elle ne fuit pas, comme tant d'autres, un spectacle trop fort pour sa délicatesse et qui blesse sa sensibilité; mais, seule, éplorée, elle court à un faubourg lointain, elle va frapper à la maison de secours, elle demande aux sœurs quelques familles bien pauvres, bien abandonnées, où se trouvent aussi des malades qui vont mourir; elle se précipite dans leurs demeures, leur prodigue l'or, les soins, mêle ses inquiétudes à leurs peines, s'efforce de leur donner des consolations qu'elle n'a pas, des espérances qui sont loin de son cœur ; plus d'une fois, à ses efforts, à son ardente parole, le moribond se ranime, le calme revient parmi ces pauvres gens : elle accepte leur confiance comme un présage, leur joie tombe sur son âme comme une goutte de rosée, et quand elle les quitte elle emporte, pour celui qu'elle pleurait déjà, leurs vœux, leurs bénédictions et l'annonce d'un mieux que ne dément pas le retour. Souvent aussi, quand, pour en faire un de ses anges, Dieu reprend un petit enfant à sa mère, la maison de Saint-Vincent de Paul devient la confidente de ces inénarrables douleurs ; la sœur pleure longtemps avec celle qui ne veut pas être consolée, puis elle la conduit auprès de quelque nouveau-né que la mort a laissé seul et sans appui sur cette terre, et, en échange de celui qu'elle a perdu, lui fait accepter le pauvre petit orphelin.

A tous les solliciteurs, riches ou pauvres, l'attention de la sœur supérieure était acquise et son cœur ouvert : simple et calme dans son incessante activité, on eût dit qu'elle n'avait d'autre intérêt que votre entretien, d'autres devoirs que vos affaires ; dénouant sans efforts les situations les plus compliquées, elle entrevoyait sur-le-champ les moyens de salut lorsque tout semblait sans ressources, et, quelque grave que fût la chute et profond l'abîme, elle avait toujours un bras pour celui qui tombe, une planche pour celui qui se noie.

Mais la dîme de ses bonnes actions appartenait aux pauvres du faubourg Saint-Marceau, et une part leur revenait toujours de la fortune, de l'influence, de la bonne volonté de quiconque s'adressait à elle. Nul n'échappait à l'impôt général, et qui venait réclamer un service ne sortait pas sans avoir donné ou promis un secours. Cette exigence fut quelquefois sévèrement jugée : on accusa la sœur d'être importune et de demander sans mesure; on oubliait que, pour empêcher de mourir de faim le plus misérable quartier de Paris, elle n'avait que son temps qu'on venait lui prendre sans discrétion, et qu'il fallait bien lui payer cher.

Grâce à cette sainte et infatigable industrie, une simple sœur de la Charité, sans fortune, sans autorité, sans science, était parvenue à donner à son faubourg un grand et puissant patronage. De riches équipages se faisaient ses messagers, d'illustres savants ses secrétaires. Elle avait pour visiter ses pauvres l'élite de la jeunesse, pour soigner ses malades les plus riches et les plus grandes dames. Sa recommandation pénétrait partout, son nom ouvrait toutes les caisses, et, du fond de sa pauvre petite chambre, elle s'était créé des intelligences auprès de tous les pouvoirs, des auxiliaires dans tous les bureaux, et dans tous les salons des complices.

Rien au dehors ne témoignait de cette toute-puissance : nulle maison, nul établissement n'avait été fondé par elle ; elle se serait reproché de choisir au milieu de tant de souffrances, et de concentrer sur quelques-uns sa charité, qui appartenait à tout le monde; mais le faubourg Saint-Marceau lui devait un de ces progrès qu'ignore la statistique, que l'histoire n'enregistre pas, mais dont le peuple profite et dont Dieu se souvient bien plus que des grandes actions. Sous sa tutelle, le quartier avait fait un pas vers le bien-être, et si les maisons étaient malsaines, les chambres basses et petites comme il y a quarante ans, dans l'intérieur la paille s'était changée en matelas, la chauffrette en poêle, les haillons en vêtements ; chaque pauvre ménage avait gagné quelques hardes et quelques meubles; les petites filles savaient mieux lire, les garçons faisaient leur première communion, et, ce qui ne se voyait pas il y a quarante ans, le nouveau-né ne manquait pas de couche, la mariée de robe neuve, et le mort de linceul.

Aussi, dans le faubourg, la sœur avait une

immense popularité, non celle qui s'improvise dans les journaux ou que le pouvoir ou les partis imposent, mais celle que le peuple donne dans sa reconnaissance et dans sa liberté ; et lorsque, dans ces longues rues, dans ces hautes maisons où la foule est si pressée et les familles si nombreuses, on voulait voir la porte s'ouvrir avec empressement et se dérider tous les visages, il suffisait de se présenter au nom de la sœur supérieure.

La sœur avait écouté sans l'interrompre le long et malveillant discours de l'aveugle. Quand il eut fini, elle n'essaya pas de lui répondre, n'opposa aucune objection, ne témoigna aucun mécontentement. Saisie d'une grande compassion, elle se garda de la lui montrer, et ne fit aucune allusion à ses besoins et à ses souffrances. Mais comme de jeunes enfants attendaient dans l'antichambre ses conseils pour le choix d'un état et les conditions de leur apprentissage, elles les fit appeler, les présenta par leurs noms à sa nouvelle connaissance, et la pria de leur donner quelques bons avis et d'aider de sa vieille expérience leurs premiers pas dans le travail.

L'aveugle était armé contre l'offre d'un secours qui l'humiliait, contre le témoignage d'une pitié qu'il ne voulait pas subir, et il s'était promis de tout refuser ; mais cet appel inattendu en faveur des autres, ce service réclamé au lieu d'un secours offert, bouleversèrent toutes ses dispositions. Il se sentit tout à coup comme revenu aux beaux jours de son atelier. Il reprit les traditions, les instincts, la dignité du maître, et, interrogeant ces pauvres enfants sur leurs antécédents et leur vocation, il se mit à leur expliquer le travail de l'apprenti, les devoirs de l'ouvrier, les avantages de la bonne conduite, les dangers du compagnonnage, avec une émotion et un intérêt tout paternels. Le mendiant orgueilleux, l'ennemi du ciel et de la terre avait disparu ; il ne restait plus que l'habile imprimeur, le maître expérimenté, heureux de tracer, d'une main ferme et sûre, à ses jeunes élèves la route qu'il avait autrefois parcourue.

En entendant cette exhortation, le vieux pêcheur ne se possédait plus de joie ; l'exorde de son compagnon l'avait fort embarrassé, et pendant le premier discours ses yeux avaient plus d'une fois demandé pardon ; mais quand il vit l'aveugle au milieu des enfants leur parler doucement et les instruire, il respira en liberté, et reprit toute sa bonne humeur ; il accompagnait de son geste la voix du maître, applaudissait de la tête à chaque parole, et, se chargeant en même temps de la police de l'auditoire, il ôtait à l'un sa casquette, soufflait une réponse à l'autre, imposait du doigt silence au bavard, tirait l'oreille à l'inattentif, et puis d'un air de triomphe a. ait tout répéter à la sœur.

Lorsque l'aveugle quitta la maison de secours, la supérieure, en le reconduisant, lui rendit mille grâces de sa bonté pour les enfants, les recommanda à ses conseils et à sa protection, et le pria de venir de temps en temps la voir. En même temps elle glissa doucement dans la main du père Thibaut une grosse aumône. Le vieux pêcheur, hors de lui, remerciait les sœurs, les enfants, les pauvres qui attendaient, les personnes qu'il rencontrait dans la rue, et, léger comme le vent, sans s'inquiéter des pierres, du mauvais temps et de la nuit tombante, entraînait au pas de course son compagnon.

Celui-ci, après le départ des enfants, était rentré dans un profond silence; mais sa figure n'avait pas repris son impassibilité. Des sentiments inconnus avaient surgi, des idées longtemps assoupies venaient de se réveiller; il y avait guerre dans son âme, et des forces opposées se disputaient cette nature abandonnée si longtemps sans contradiction au génie du mal.

Les bonnes paroles qu'il avait dites aux apprentis, les conseils qu'il leur avait donnés, agissaient sur lui ; il ressentait à son tour le bien qu'il avait voulu leur faire, et sur ce visage ordinairement si sombre apparaissait, à travers la lutte, comme l'aurore d'un jour meilleur ; mais l'émotion de son cœur retenait les paroles sur ses lèvres. Il aurait voulu répondre, promettre de revenir, la voix manquait à la volonté ; seulement, lorsque la supérieure le salua pour la dernière fois, sa main s'étendit vers elle, ses yeux voulurent se rouvrir pour la voir, et du fond de son âme s'échappèrent ces mots : Adieu, ma sœur.

La nuit qui suivit fut pour lui sans sommeil. Pendant les premières heures, il ne pouvait se distraire des événements de la journée. Le père Thibaut, les sœurs, les apprentis, avaient remplacé ses apparitions ordinaires. Il entendait des bénédictions au lieu d'injures, de saintes paroles au lieu de blasphèmes, et ne pouvait s'expliquer ce qui se passait en lui. Peu à peu, par la pente de sa méditation habituelle, il s'enfonça dans le passé. Jusqu'ici sa mémoire avait été ingénieuse à l'irriter et s'était toujours arrêtée avec complaisance sur le temps de sa vie qui nourrissait sa haine. Mais cette fois l'impulsion était donnée. Il n'avait pas impunément respiré un moment l'atmosphère pure du bien. Par cet entraînement des idées qui se joue du temps et de la distance, les enfants, dont il entendait encore la voix, le ramenèrent à l'époque où il était enfant lui-même, à la maison où il grandissait au milieu de sa famille, aux soirées où, sur les genoux maternels, il priait en répétant les paroles de sa mère. Une fois fixée sur le commencement de sa vie, sa pénétration lui en rendit exactement les faits, les idées, les impressions. Avec les souvenirs de ses premières années, il retrouva au fond de son âme des croyances qu'il avait oubliées, des lois qu'il croyait abolies. Il comprit son émotion de la veille, et pourquoi il avait été si heureux de ce qu'il avait dit à de pauvres enfants.

Pour la première fois depuis bien des années, il pesa sa vie tout entière au poids de la vérité, et fut juste envers Dieu et les hommes. Il reconnut sur cette terre le bien placé à côté du mal pour l'effacer et le guérir, l'amour de la mère auprès de la faiblesse de l'enfant, la sœur de la Charité réparant les injustices de la fortune et les coups de la destinée, et le dévouement du père Thibaut suppléant aux yeux de l'aveugle et rachetant la trahison de ceux qui l'avaient dépouillé.

Le lendemain sa situation ne paraissait pas changée : comme la veille il était sans ressources, et ne pouvait pas faire un pas sans le bras de son guide ; mais le pauvre avait pardonné sa ruine, l'aveugle était réconcilié avec les ténèbres ; et cette métamorphose n'était due ni à de grands bienfaits ni à d'éloquents discours ; un pauvre vieux pêcheur, une sœur de Saint-Vincent de Paul avaient fait ce miracle en un jour ; la charité avait achevé le soir ce que l'affection avait commencé le matin.

On travaille aujourd'hui avec une louable persévérance à la réhabilitation de ceux que la misère a trop souvent dégradés et perdus ; on offre à leur ignorance toutes les facilités d'instruction, on oppose à leurs besoins tous les genres de secours, dans l'espérance d'élever leur âme par la reconnaissance, et de les rendre meilleurs en leur faisant du bien. Mais, pour se relever de sa chute, l'âme n'a pas seulement besoin d'une main secourable et d'un compatissant accueil, il lui faut surtout la conscience de sa dignité et la conviction de sa puissance morale. Appelez le plus coupable et le plus malheureux à l'exercice de la charité, donnez-lui une bonne œuvre à faire : votre confiance lui rendra la sienne ; son hostilité ou son découragement ne résisteront pas à la pensée qu'il est encore capable de faire le bien, et, dès qu'il l'aura essayé, il ne s'arrêtera plus : la charité l'emportera dans ses voies, et par l'influence qu'elle prend et par le bonheur qu'elle donne.

Depuis la visite aux sœurs, le caractère indomptable de l'imprimeur s'adoucit, ses habitudes se civilisèrent ; il ne cherchait plus le silence et la solitude, ne se plaignait plus, ne brusquait personne ; le père Thibaut était devenu son confident et son ami. Il lui faisait partager son désir d'être utile et sa bienveillance universelle. Chacune de leurs promenades les conduisait à une bonne œuvre. Ils s'étaient fait les messagers de la supérieure, portaient ses lettres, se chargeaient de ses missions, et plus d'une fois, en revanche, lui dénonçaient quelque misère nouvellement réfugiée dans leur rue, et provoquaient pour les nouveaux venus ses aumônes. Ils faisaient aussi souvent la tournée des apprentis qu'ils avaient rencontrés dans la maison de secours. L'aveugle les aimait plus que tous les autres, s'intéressait à leurs progrès, et avait soin, à chaque visite, de leur faire un beau discours. Le père Thibaut mêlait son mot à ces sages représentations, et, tout pauvre qu'il était, trouvait toujours moyen d'en tempérer l'austérité par quelques petites friandises.

L'histoire de l'imprimeur ne put rester longtemps enfermée dans sa petite maison, et il devint peu à peu l'oracle du voisinage et comme l'intelligence de tout le quartier. Chacun venait le consulter sur ses affaires, les chances de son commerce, le placement de ses enfants; il prenait plaisir à faire profiter tout le monde de l'expérience acquise par ses malheurs, et se servait maintenant pour le bien de ses frères de ce passé qui avait été son plus implacable ennemi.

Le soir, après le travail, les voisins se rangeaient autour de lui, quelques-uns sur les chaises qu'ils avaient apportées, le plus grand nombre à terre. Alors le père Thibaut lui demandait au nom de tous quelqu'une de ces histoires que le peuple ne se lasse pas d'écouter, les grandes batailles de la République et de l'Empire, les grands événements de la Révolution. La foule, suspendue à ses paroles, oubliait à l'entendre les fatigues de la journée, et trouvait, malgré l'heure avancée de la nuit, qu'il avait toujours fini trop tôt.

Puis chaque dimanche on les voyait tous les deux en habits de fête assister à la messe et édifier la paroisse de Saint-Médard. Le bon père Thibaut était tout fier du recueillement de son compagnon, et s'en attribuait tout bas l'honneur. Lui-même n'avait pas toujours été si exemplaire : dans sa jeunesse, personne n'avait pensé à lui parler de Dieu, et pendant une grande partie de sa vie, sans mauvaise intention, sans impiété, il était resté étranger à toute pratique religieuse; s'il entrait alors dans une église, les jours solennels, il obéissait à une habitude dont il ne se rendait pas compte, comme on va à une fête en suivant la foule, sans se demander quel en est le sens et le but. La mort de sa femme, en le rapprochant des sœurs, l'avait fait sortir de son indifférence. Aux premières paroles qui lui furent dites de Dieu et de l'Évangile, son âme avait senti ce que son esprit ne comprenait pas. Un membre de Saint-Vincent de Paul, dans ses heures de loisir, lui avait appris à grand'peine le catéchisme, et à soixante-dix ans il avait fait sa première communion avec la docilité de l'enfant et la foi du charbonnier. Depuis, il s'était appliqué à réparer le temps perdu et les offices oubliés. Il avait bien souffert, à l'arrivée de l'aveugle, de son peu de goût pour l'église, et, tout en gémissant, ne s'était pas senti le courage de le combattre.

Après la visite à la sœur, il hasarda un mot qui fut bien reçu, et, à la promenade suivante, enhardi par ce premier succès, s'imagina de faire de la théologie à sa manière; il n'en savait pas long, et embrouillait beaucoup les questions qu'il agitait; mais il parlait avec tant d'ardeur et d'enthousiasme du bon Dieu et du bonheur de le prier pour ceux que nous aimons, que l'imprimeur, convaincu d'avance, tout en riant de la science confuse de ce docteur improvisé, s'était laissé prendre à ses conclusions, et ne manquait plus de l'accompagner à l'église tous les dimanches.

Ainsi ces deux vieillards, appuyés l'un sur l'autre, parcouraient doucement leurs dernières années. Tout le faubourg s'intéressait à cette touchante association de l'intelligence et de la bonté. A leur passage les hommes se découvraient, les gamins, qui ne se dérangent pour personne, suspendaient leurs jeux et s'inclinaient avec respect, et les mères leur faisaient envoyer des baisers par leurs petits enfants. Sous ce doux régime d'affection et de bienfaisance, le temps ne pesait plus sur le père Thibaut; chaque jour il devenait plus jeune et plus alerte, il oubliait qu'il avait passé la mesure ordinaire de la vie humaine, et ne parlait que de vivre cent ans ; et l'imprimeur, réconcilié avec Dieu et les hommes, se reposait dans le calme et la sécurité de toutes ses anciennes et terribles agitations.

Il y avait bien de temps en temps de petits retours de misanthropie, des velléités de mauvaise humeur; mais le remède était connu contre la maladie. Ce jour-là, la sœur avait une communication importante à faire, une grande mission à donner ; un apprenti réclamait une admonition sévère, une affaire difficile avait besoin d'une prompte et habile solution : l'aveugle appelé s'oubliait en s'occupant des autres, et l'orage se dissipait devant une bonne action.

Ce fut à cette époque que le père Thibaut me fit faire connaissance avec son compagnon. J'avais vu autrefois le vieux pêcheur, lorsqu'il était seul et triste; je le trouvai tout occupé de son ami, qu'il était fier de me montrer, et dont il ne parlait qu'avec une sorte de coquetterie.

L'aveugle était encore plein de vigueur, et ses traits, pour avoir dépouillé leur sombre expression, n'avaient rien perdu de leur intelligence et de leur énergie. Je fus frappé de la dignité de ses manières, du bon sens de ses jugements, de l'élégance de ses expressions, et surtout de la vérité qu'il imprimait à ses récits. Je revins plus d'une fois, et, comme ses voisins, je ne me lassais pas de lui faire redire ce qu'aucun livre ne m'avait si bien représenté. Il n'était pas insensible à l'attention de son auditeur, aimait à répondre à mes questions, et me remerciait toujours de l'avoir écouté. Au moment de quitter Paris, j'allai lui faire mes adieux. Jamais il n'avait été si éloquent, jamais le vieux pêcheur ne m'avait paru mieux portant et plus heureux. En me reconduisant, le père Thibaut me serra la main, m'assura qu'ils allaient prier tous les jours pour mon heureux voyage, et me fit promettre une visite aussitôt mon retour. Hélas ! je ne devais plus le revoir !

Au commencement de l'été dernier, le père Thibaut, à la suite d'une longue promenade, se plaignit d'une courbature, et se coucha sans avoir entendu l'histoire de l'aveugle. Son sommeil fut troublé par la fièvre, et le lendemain sa poitrine parut s'engager. Personne n'était là pour aller prévenir les sœurs, le médecin du bureau était occupé ailleurs, et quand les secours arrivèrent, il n'était déjà plus temps, le malade n'avait plus assez de forces pour résister à la maladie et aux remèdes ; au premier coup d'œil du médecin le pauvre père Thibaut fut condamné.

Il avait eu toujours grand'peur de mourir. A quatre-vingt-cinq ans, malgré le poids de l'âge et de la pauvreté, il tenait à la vie plus que ceux pour qui elle est douce et facile, comme on s'attache à ce qui coûte peine et labeur. Aussi, dès les premières atteintes du mal, lorsque rien ne semblait présager une fâcheuse issue, il ne cessait de trouver des arguments contre un danger dont on ne lui parlait pas, et de combattre des inquiétudes que personne ne lui montrait; mais bientôt à l'oppression qui montait comme une vague, à la morne expression des visages, à la présence du prêtre, il comprit que son heure était venue; son agitation se calma, et il accueillit la mort comme il accueillait tout le monde, avec douceur et bonhomie. En remplissant ses devoirs religieux, il se montra plein de confiance en la bonté divine et tranquille devant l'avenir; car il n'avait à rendre compte ni de la science, ni du génie, ni du pouvoir, ni de la fortune, lourds fardeaux qui pèsent à la dernière heure; son âme, simple et naïve, n'avait jamais fait le mal que faute de savoir le bien, et était de celles qui ne sont pas responsables de ce qu'elles ignorent.

Un seul sacrifice coûta beaucoup à ses derniers moments : il ne pouvait se résigner à abandonner son ami seul et sans guide sur la terre. Qui maintenant aurait soin de lui? qui le conduirait à ses promenades favorites, à ses visites préférées? qui saurait occuper ses jours d'ennui, égayer ses moments de tristesse, deviner sa pensée, agir et voir pour lui? C'était toujours lui qu'il plaignait, lui dont il portait le deuil, comme pleure une mère sur l'enfant qu'elle va laisser orphelin.

A la nouvelle du danger, tous les voisins étaient accourus et avaient voulu le veiller. Les sœurs l'entourèrent de soins, et, quand elles ne purent plus rien pour le sauver, bercèrent de leurs prières ses dernières douleurs. Le bonhomme, au milieu de la lutte suprême, se sentait sensible à l'empressement général, et la parole expirant sur ses lèvres, il remerciait tout le monde du geste et du regard; mais ses yeux mourants revenaient toujours à la place où son ami pleurait à genoux, et son dernier mouvement fut un effort pour chercher encore la main de l'aveugle.

Ses funérailles furent plus splendides que sa vie : un riche pêcheur chez lequel il avait autrefois travaillé et qu'il allait voir de temps en temps, se chargea de toutes les dépenses. Le jour du convoi, à la grande admiration du voisinage, la porte du père Thibaut fut tendue de noir, son corps quitta sa pauvre demeure dans un beau corbillard aux chevaux empanachés, et, lorsqu'il fut présenté à l'église, les cloches sonnèrent à hautes volées, et les prières furent dites avec toute la pompe d'un service solennel. Aucun de ses parents ne conduisait le deuil, il avait survécu à tous ; mais le quartier y était tout entier, et, dans cette foule triste et recueillie, chacun paraissait de sa famille. L'aveugle avait voulu l'accompagner jusqu'à la fin; mais il avait trop présumé de ses forces, et, quand vint son tour de jeter de l'eau bénite sur ce corps qu'allait à jamais dérober la terre, ses genoux défaillirent, il fallut l'emporter évanoui.

Aujourd'hui la loge du père Thibaut est bien changée : un papier à fleurs a remplacé ses filets, des meubles qui ne manquent pas d'une certaine élégance ont chassé son lit sans matelas et son fauteuil usé, et une mercière vend des aiguilles aux ouvrières et des jouets aux enfants là où reposait le vieillard; mais le bien-être n'y est pas plus que de son temps, et l'étalage de la marchande, que la paralysie cloue sur sa chaise, cache plus de tristesse et de souffrance que n'en montrait le dénûment du pêcheur.

Vis-à-vis, la charbonnière continue à vendre ses fagots, qu'on ne lui paye pas mieux, et prépare avec la même exactitude la soupe quotidienne de son hôte; l'aveugle occupe toujours sa petite chambre à l'entresol; mais on chercherait vainement en lui cette puissance et cette énergie qui défiaient le temps et les malheurs. Sa tête s'est courbée, ses cheveux ont blanchi, cette imagination si vive est maintenant prête à s'éteindre. Les sœurs lui ont donné un autre guide, brave homme qui, pour un léger salaire, vient tous les matins se mettre à sa disposition et lui offrir son bras; il ne l'accepte presque jamais; il a renoncé à ses promenades, à ses visites, à tout ce qui l'occupait et lui faisait plaisir. Il passe des journées entières seul dans sa chambre, le visage tourné vers la porte et l'oreille attentive comme s'il entendait le bruit des pas de quelqu'un qui monte, ou le son d'une voix connue; et si le soir il relève un peu la tête, s'il paraît moins affaissé sous le coup qui l'a frappé, c'est qu'il s'apprête à parler à Dieu, aujourd'hui son seul soutien, et qu'il va prier pour les morts. Quelquefois, à son obstiné silence, à son indifférence de tout ce qui l'entoure, on le croirait revenu à ses anciennes pensées, à sa haine contre le genre humain; mais son chagrin est sans brusquerie, sa tristesse sans colère; il ne se révolte pas, il succombe.

A mon retour, averti par les sœurs, j'allai tristement lui rendre la visite qu'en partant j'avais promise au père Thibaut. A mon salut il parut sortir de sa rêverie; son visage s'éclaircit, sa voix s'anima, et il retrouva toute l'énergie, toute la précision de son langage pour me donner des détails sur la vie et la mort de celui qu'il avait perdu, et me raconter les délicatesses de son dévouement et les recherches de son affection; mais lorsque, pour le distraire de sa profonde émotion, je voulus le ramener à la situation présente, sa vivacité disparut, le feu de sa parole tomba; il me parla pourtant avec reconnaissance de tout ce que les sœurs faisaient pour lui, de la bonne volonté de son guide, des témoignages de bienveillance qu'il ne cessait de recevoir; mais on voyait que tous ces soins étaient perdus, toute cette bonne volonté inutile; auprès du pauvre aveugle rien ne pouvait remplacer le vieux pêcheur : comme il me le disait en pleurant, il n'y avait au monde qu'un père Thibaut.

SOUVENIRS DE VOYAGE

EN SUISSE ET EN SAVOIE

Il y a déjà bien longtemps de cela! j'étais jeune, j'avais du loisir devant moi, de la liberté et un extrême désir d'employer les vacances autrement qu'à visiter mes voisins et à poursuivre les perdrix et les lièvres. Un matin je pris la diligence de Genève; pendant trois jours et trois nuits, j'en subis les cahots et j'avalai la poussière que soulevaient ses quatre roues : car en ces temps reculés et presque sauvages, les chemins de fer n'avaient pas encore mis les frontières de France à la porte de Paris. J'arrivai enfin sur les bords de ce beau lac bleu dans lequel se mirent tant de coquettes villas, tant de jolies montagnes et par-dessus tout la tête éclatante du Mont-Blanc. Le lendemain j'étais sur la route de Chamounix, le sac sur le dos et à la main un long bâton de sapin, terminé par une pointe de fer et surmonté d'une corne de chamois, heureux de marcher seul, et me promettant bien de ne rentrer dans les lourdes maisons roulantes qu'après avoir parcouru la Suisse et la Savoie, admiré toutes leurs merveilles, et dérobé tous leurs secrets.

Chamounix et ses alentours me prirent deux semaines. Je traversai à pied sec sa mer de glace, dont les vagues semblent avoir été arrêtées par le froid au moment d'un orage ; j'aperçus, sur la parole de mon guide, un troupeau de chamois paissant, disait-il, au haut d'un pic, des herbes assez dures pour percer le rocher ; je suivis d'une fenêtre de l'hôtel de Saussure une ascension au Mont-Blanc, dont les héros semblaient des mouches ou des fourmis marchant les unes après les autres sur un mur de neige ; et j'admirai surtout aux rayons du soleil de midi les blocs de cristal bleu du glacier des Bossons, qui descendent presque dans la vallée se mêler aux moissons et aux fleurs.

Cette première excursion consciencieusement accomplie, je songeai à me diriger vers Aix. Malgré ma passion d'isolement et mes projets de sauvagerie, je me sentais déjà l'envie, après cet essai d'existence montagnarde, de retrouver un moment les douceurs et le repos de la vie civilisée. Les eaux d'Aix ont sous ce point de vue une réputation européenne. La grande route pouvait m'y conduire, mais j'avais honte de ses facilités, et sa poussière me paraissait indigne d'un voyageur alpestre ; je choisis donc pour mon chemin une belle et haute montagne, qui s'élève comme une barrière entre Aix et la vallée de Sallanches. Là aucun glacier, aucune neige, pas un rocher, pas même un arbre ne faisait obstacle à la course et n'arrêtait la vue ; tout était gazons, fleurs et verdure ; mais le voyage n'en était pas plus facile : car ces charmants tapis verts, ces pentes si gracieuses et si fleuries aboutissaient à de furieux torrents, dont on entendait gronder le sourd et lointain murmure, et le moindre faux pas vous aurait fait glisser doucement et sans aucune chance d'arrêt jusqu'aux abîmes. Dans cette course hasardeuse, je fus témoin de l'influence qu'exerce, même sur le corps, la connaissance du danger, et je pus m'expliquer le singulier phénomène du vertige. A un des endroits les plus glissants et les plus périlleux, j'avais devant moi une troupe d'écoliers en vacances ; ils couraient sans broncher sur les arêtes de ces pentes, les descendaient et les remontaient au galop, et se plaisaient à suivre en sautant les petits sentiers que tracent les chèvres sur le bord des précipices. Ils mettaient à ces jeux toute l'ardeur, tout l'entrain, toute l'insouciance de la jeunesse, et aucun d'eux, en courant de toutes ses forces, ne chancelait sur ce mobile terrain. Leur guide était resté en arrière. Dès qu'il les aperçut, il frémit de leur situation, leur ordonna du geste et de la voix de s'arrêter, et, les ayant rejoints, leur fit comprendre les difficultés et les dangers de la route, et la nécessité de marcher lentement et avec d'extrêmes précautions. A peine eut-il fini, que la troupe, tout à l'heure si pleine d'audace et de dextérité, ne trouva plus la force de faire un pas : les jambes se dérobaient, les pieds refusaient leur service ; il fallut que le guide prît l'un après l'autre chacun de ces jeunes effrayés, et lui fît traverser, appuyé sur son bras et presque porté par lui, l'étroit passage où, une minute avant, tous s'élançaient en gambadant. Pour moi, je m'en tirai sans chute et sans vertige, grâce à mon bâton ferré, cette providence des touristes, et j'arrivai le soir même à ma destination.

La charmante petite ville d'Aix renfermait une multitude de malades, venus de tous les coins de l'Europe, pour se guérir de l'ennui de la solitude, et de la peur de passer un été tout entier sans monde et sans plaisirs. Ils étaient en pleine cure, et se traitaient surtout par les promenades sur le lac du Bourget, le jeu, le bal, les concerts, le spectacle, par cet ensemble de remèdes puissants qui donnent aux eaux une saveur particulière, et exercent une si heureuse influence sur les santés élégantes et les tempéraments à la mode. Les hôtels refluaient de baigneurs; aussi je me contentai d'une toute petite chambre, que je louai pour une semaine dans une très-modeste maison bourgeoise. Le prix de la table et le logement n'étaient pas trop en désaccord avec le principe d'économie que j'avais adopté dès le début de mon voyage; car mon père, en me disant adieu, ne m'avait tracé aucun itinéraire, ni fixé aucune date à mon retour; seulement, me mettant mille francs dans la main : « Mon ami, avait-il ajouté, tu reprendras le chemin du logis lorsqu'il ne te restera plus que l'argent nécessaire pour payer ta place à la diligence de Paris. » J'avais donc résolu d'être économe et presque avare, pour être le plus longtemps possible en voyage; mais comme dès le premier jour je retrouvai à Aix des amis de ma famille fort bien placés dans la haute société des eaux, ils m'engagèrent à venir passer toutes mes soirées au salon, me présentant à l'élite du monde élégant, et j'eus le droit de prendre part à tous les plaisirs et à toutes les réunions de la bonne compagnie.

Parmi les salons qui s'illuminaient chaque soir pour recevoir les hôtes de toutes les nations et de tous les âges, il en était un plus silencieux, plus sérieux que les autres, et où se donnaient rendez-vous des hommes graves et distingués; c'était celui où l'on jouait. Un soir je m'y trouvais, ne sachant trop que faire; trois joueurs étaient assis autour d'une table de whist, attendant un quatrième qui n'arrivait pas : on me pria de le remplacer. L'hiver précédent je m'étais mis d'une petite société de jeunes gens qui jouaient ensemble tous les soirs au whist dans les bals, au lieu de danser, et quelquefois aussi le jour chez l'un deux. J'y avais eu de grands succès, en sorte que je passais aux yeux de mes compagnons et aux miens pour le plus fort de la troupe; me croyant initié à tous les secrets de l'invite et de l'impasse, je me sentais capable de gagner les maîtres; je n'hésitai donc pas à prendre place au tapis vert, et la partie commença. Mais à peine eut-on joué deux coups que ma petite science se trouva en défaut devant les profondes combinaisons de mes adversaires, et bientôt de toute mon assurance il ne me resta plus que la douloureuse conviction que j'étais un pauvre écolier fourvoyé parmi les docteurs. Je ne me doutais pas du jeu que je m'imaginais si bien savoir. Cette révélation n'était pas de nature à augmenter ma force; chaque faute en provoquait une nouvelle, et elles se multiplièrent tellement que je renonçai à les éviter; ma tête s'embarrassa, ma mémoire se perdit, je n'y voyais plus que du feu; les cartes s'échappaient au hasard de mes mains agitées, pendant que chez les autres, calmes et silencieux, pas une carte n'était oubliée, pas une erreur n'était commise. Pour m'achever, mon partenaire, excellent joueur du reste, se contenta de me dire avec une douce ironie, après une faute encore plus lourde que toutes les autres, que sans doute, vu le mauvais jour que donnaient les lampes, j'avais pris un cœur pour un pique. Mais à mesure que j'accumulais les bévues, la fortune semblait prendre plaisir à les réparer; je n'avais dans mon jeu que des atous et des figures; aussi j'avais beau les placer mal à propos, ne pas répondre aux invites de mon allié, jouer dans le jeu ennemi, il me fut impossible de perdre : la chance était plus forte que mon ignorance; le talent échouait contre l'insolence de mon bonheur, et je gagnai la partie, sans laisser à mes adversaires la consolation de prendre un seul point. A la revanche, mêmes fautes de ma part et même guignon de leur côté ; ils étaient furieux, bien moins assurément de la perte que de la honte d'être vaincus par un tel novice. Trop bien élevés pour le dire, ils le faisaient entendre de toutes les manières, demandaient à chaque coup des cartes nouvelles, les mêlaient de mille façons, variaient les tailles et les coupes à l'infini : rien n'y fit ; la soirée fut pour moi une longue victoire, et quand, de guerre lasse, il fallut se retirer, j'avais gagné 70 fiches. Quel fut mon étonnement, lorsque l'un des perdants, puisant à pleines mains au fond de sa bourse, posa devant moi 35 louis. Ayant vu à d'autres tables du salon jouer depuis vingt-cinq jusqu'à cinquante centimes la fiche, je n'avais pas seulement songé à demander quel était le jeu. Dix francs étaient le jeu habituel de ces messieurs, les habiles du genre. Ma première impression fut un sentiment d'effroi : si la fortune d'accord avec le mérite m'avait fait perdre ce que je venais de gagner, que de montagnes disparues pour moi, que de lacs desséchés, que de pays effacés de mon itinéraire ; et quelle mutilation imposée à mon voyage, s'il m'avait fallu payer 700 francs une heure passée dans un salon ! Cependant la réaction ne se fit pas trop attendre la sottise avait réussi, et je me consolai de mon imprudent succès, en me disant qu'après tout j'emportais dans ma poche trois ou quatre cantons suisses de plus à visiter, peut-être même un petit coin de l'Italie ; je me promis cependant d'être plus sage à l'avenir, de me défier de mes talents et des réputations à huis-clos, et de ne plus m'asseoir à une table de jeu, sans savoir à qui j'avais affaire et surtout à quel taux était la partie.

Le reste de la semaine fut employé à des excursions plus pittoresques et moins dangereuses ; je me promenai en bateau sur le lac, au clair de la lune, avec accompagnement de barcarolles ; j'escaladai la Dent du Chat, je suivis les traces de lord Byron et de Lamartine sur les bords qu'ils ont si harmonieusement chantés, je visitai Belles-Combes, ces tombeaux des princes de Savoie, qu'ils viennent d'échanger contre la royauté d'Italie, et je n'oubliai pas Ripaille, ce refuge d'un antipape, où il alla dans sa solitude se consoler des mécomptes de son ambition, et qui a enrichi la langue française d'une expression faisant plus d'honneur à l'appétit de ce faux successeur de saint Pierre qu'à ses mortifications et à son repentir. Mais toutes ces visites mondaines en jolies barques, en char à bancs et en brillante compagnie, me fatiguèrent bientôt ; je ne voulais pas qu'Aix devînt pour moi Capoue, et arrêtât ma marche à travers les Alpes ; aussi la semaine achevée, j'attendis à peine le lever du soleil pour reprendre mon bâton ferré, endosser mon sac de voyage, et gagner un chemin roide, étroit et peu fréquenté, qui devait, après avoir sauté par-dessus deux ou trois montagnes, me faire pénétrer dans la partie la plus agreste et la plus sauvage de la Savoie. Je ne puis dire ma joie, à mesure que, m'élevant au-dessus de la plaine, je voyais s'abaisser et bientôt disparaître les monuments, les hôtels, les maisons de la ville que je venais de quitter ; je ne pouvais me rassasier de l'air pur de la montagne, de l'odeur balsamique des bruyères et des sapins ; je cueillais les fleurs roses du rhododendrum ; je grimpais comme une chèvre sur toutes les pointes de rochers, j'avais comme une ivresse de me sentir seul et libre en présence de cette nature vierge, qui semble échapper à la domination de l'homme, et conserver encore intactes la physionomie de la création primitive et l'empreinte de la main de Dieu.

On m'avait désigné, comme première étape, un village de bois perdu dans les brouillards, où je ne devais pas compter sur une auberge, mais où le curé m'offrirait, si je frappais à sa porte, un déjeuner frugal et la cordiale hospitalité des premiers chrétiens. En effet, après une longue ascension qui m'avait mis en appétit, je rencontrai quelques châlets épars au milieu des sapins et des rochers; un joli petit clocher au toit élancé et brillant occupait le centre du village ; une maison un peu mieux bâtie que les autres y était adossée : on me la montra comme celle du pasteur. A mon premier coup de sonnette, il vint lui-même m'ouvrir sa porte, m'introduisit dans une salle toute tapissée d'images saintes, auxquelles se mêlaient quelques portraits d'illustres contemporains, et, allant au-devant de ma demande, me pria de m'asseoir à une table très-proprement servie, où brillaient d'appétissantes châtaignes, du beurre et des fraises. Je lui prouvai l'à-propos de l'offre par la manière dont je fis honneur à son déjeuner. La première faim apaisée, nous passâmes à la conversation; elle promettait d'être intéressante, d'après l'intelligence qui perçait à travers les yeux et le sourire bienveillant de mon hôte. Je m'apprêtais à lui donner tous ces bruits de la politique et du monde, fruits rares dans ces régions élevées, et dont tout voyagur bien appris doit payer un bon accueil; mais le bon curé n'avait presque rien à apprendre de ce côté; jeune, instruit, plein d'esprit, il avait emporté avec lui au milieu des bois une bibliothèque très-bien choisie, et paraissait avoir fait de ces hauteurs un observatoire d'où il suivait avec intérêt tous les mouvements des peuples et des rois.

Nous étions en 1832; la révolution grondait encore dans les rues de Paris et dans les couloirs des assemblées; le curé connaissait, aussi bien et mieux que moi, les partis qui en France se disputaient le pouvoir et les orateurs même secondaires qui s'en faisaient les organes. On eût dit que le vent qui soufflait dans ses sapins lui apportait les orages des Chambres, les murmures de la place publique, et jusqu'aux soupirs et aux regrets des exilés et des vaincus. La question religieuse avait, comme on le pense bien, la grande part des préoccupations du pasteur. L'apparition de l'*Avenir*, les sermons du P. de Ravignan étaient parvenus jusqu'à lui; il était au courant des premières luttes pour la liberté de l'enseignement, et connaissait les chefs du parti catholique, comme s'il avait vécu dans leur intimité; mais, en même temps, il m'intéressa au plus haut point en me parlant de la vie si dure, de la foi, des mœurs sévères de son petit troupeau, et de sa joie d'annoncer l'Évangile à ces cœurs simples et purs. J'admirai la science, l'élévation des idées et surtout l'esprit de charité de cet homme de Dieu, heureux au milieu de pauvres bergers et d'ignorants bûcherons ; il aurait brillé dans le monde le plus poli et le plus distingué, et il se plaisait, comme son divin Maître, à vivre avec les pauvres et les petits ; je ne pouvais m'empêcher de comparer ce vrai curé de Savoie au prétendu Vicaire savoyard qui, sous la plume sophistique de J.-J. Rousseau, a encouragé tant de doutes, justifié tant d'incrédulités, et laissé après lui l'église impuissante et stérile d'une religion sans dogmes, et d'un Dieu dont elle proclame la divinité sans y croire.

Après les adieux les plus tendres et les remerciments les plus sincères, je pris, sur l'indication du curé, un petit sentier qui traversait une montagne plus haute que toutes ses voisines, et qui, décoré du nom de grande route dans une région où les cantonniers et les visiteurs n'arrivent pas, conduisait en droite ligne dans l'une des villes principales de la

Maurienne. Le village que j'abandonnais était perché aux dernières limites du monde habité et presque de la végétation ; à une demi-heure de là, les arbres commençaient à devenir arbustes, et un peu plus loin les arbustes eux-mêmes disparaissaient : il ne restait plus sur la terre qu'une herbe dure, sèche et courte, dernier vêtement dont elle se dépouille avant de se cacher sous un linceul de neige. Là aucun oiseau ne chante, aucun insecte ne bourdonne, tout est silence et désert. Mais aussi comme l'âme est fière sur ces hauteurs ! on dirait qu'elle se sent pousser des ailes, et qu'elle échappe à tous les intérêts comme à tous les bruits du monde. En parcourant majestueusement ces espaces, il me semblait que j'avais déjà escaladé les premiers degrés de l'échelle qui devait me conduire au ciel ; malheureusement je fus rappelé sur la terre par la plus prosaïque des impressions.

A mon arrivée à Aix, après quinze jours de courses dans les montagnes, mon costume avait beaucoup perdu de sa fraîcheur, ma chaussure était encore plus entamée que le reste : car elle s'était heurtée plus d'une fois contre les pierres du chemin. Aussi, pour faire mon entrée dans le salon et sous l'influence de l'esprit mondain dont je sentais en moi se réveiller le souffle, je m'étais adressé au bottier le plus élégant de la ville, et j'y avais choisi des bottes de fort belle tournure, qui me chaussaient à ravir et me faisaient, à mes yeux, les plus jolis pieds du monde. Elles exigeaient bien pour les mettre quelques efforts que j'attribuais à leur début, et le jour de mon départ, ne voulant pas charger mon sac d'un luxe de chaussure, j'eus l'heureuse idée de m'en servir ; je pensais qu'une ou deux heures de marche un peu forcée auraient raison de leur résistance, et que si elles se déchiraient aux ronces de la route, j'en serais quitte pour les remplacer à la prochaine ville. Hélas ! j'avais très-mal raisonné : au lieu de s'élargir, la prison de saint Crépin, comme on dit, se rétrécissait à chacun de mes pas, si bien qu'arrivé au sommet de la montagne, dans une espèce de plaine aride qui n'avait que des pierres aiguës pour gazon, il me devint impossible d'aller plus loin. Qui ne sait la douleur d'une chaussure trop étroite, et qui n'a pas maudit cent fois cette torture imposée par la mode ou la coquetterie ? Mais au moins, dans un bal, au milieu d'une fête, quand le supplice devient intolérable, on se sauve en voiture ou en fiacre, et bientôt la douce et débonnaire pantoufle vous a consolé de votre passager martyre : ici la fuite est impossible, et la pantoufle à cent lieues ; pour me soulager un moment, m'asseyant sur une pierre un peu plus large que les autres, je n'eus rien de plus pressé que de sortir mes pieds de leurs entraves, et je laisse à penser quelle impression de bien-être succéda à ma longue angoisse.

Après une bonne heure de repos, le soleil commençait à baisser, il fallait reprendre la marche : je songeai, en frémissant, à me remettre les fers aux pieds ; mais j'eus beau essayer de toutes les façons, m'y reprendre vingt fois, employer tour à tour la force et l'adresse, mes malheureuses bottes ne voulurent jamais me recevoir. Je me tordais les pieds, je m'écorchais les mains, je dépensais tout ce que j'avais d'énergie ; vains efforts, tout cela n'aboutit qu'à arracher de mes rebelles les attaches par lesquelles je pouvais les saisir. Que faire devant cette impuissance ? La nuit arrivait à grands pas, et j'étais peu tenté de la passer à la belle étoile, ne sachant quel hôte des bois voisins pourrait venir me visiter. Continuer pieds nus ma route si hérissée, c'était me condamner à rougir de mon sang les pierres et à me blesser pour longtemps. Dans mon désespoir, et tout haletant de ma lutte inutile, je m'étais couché par terre, la tête appuyée sur mon sac, mon seul compagnon, jetant un douloureux regard sur ces bottes devant lesquelles venaient échouer mon voyage et ma destinée. Tout à coup, sous la pression fébrile de ma tête enflammée, mon sac s'ouvre et laisse échapper sur le sol une partie de mon mince bagage. Que n'aurais-je donné pour y trouver la moindre paire de souliers, la plus grossière des pantoufles, ou même le plus lourd et le plus mal tourné des sabots! mais dans mon imprévoyance je n'avais jamais pensé à me charger d'un pareil butin, et je voyais avec indifférence s'étaler devant moi la chemise et la paire de bas qui composaient presque tout mon mobilier. En me relevant pour les ramasser, quelque chose tombe à mes pieds avec un bruit sonore; j'y porte les yeux : c'était un rasoir que j'avais emporté par mégarde; car la barbe dans toute sa liberté est un des priviléges les plus appréciés du voyageur. Ce rasoir me fut une révélation, et comme un instrument de salut envoyé par la Providence. Je me jette dessus et me voilà, savetier improvisé, taillant à grands traits dans mes bottes une paire de souliers. Je ne prétends pas que l'ouvrage fût fait selon les règles de l'art; probablement, sans de très-puissantes protections, il n'aurait pas été reçu à l'Exposition universelle ; mais l'essentiel y était : mes pieds purent y entrer sans effort, et s'y trouvèrent fort à leur aise ; car je leur avais ouvert des portes et des fenêtres d'une largeur suffisante, je les avais débarrassés de ce long et étroit corridor, de ce détroit qu'ils n'avaient pu franchir, et, tout fier de mon talent et du succès de mon premier travail, je me hâtai de reprendre ma course.

Après une descente rapide, dans laquelle je courais comme un échappé de prison, j'arrivai, la nuit close, dans un petit village, où j'eus quelque peine à faire comprendre au seul habitant qui n'était pas encore couché que j'avais faim et sommeil. Mon français finit cependant par s'entendre avec son patois savoyard ; il me montra à quelques pas de là une méchante cabane ornée d'une branche de pin. Il me fallut encore bien des coups de pied dans la porte, à laquelle on avait oublié de mettre une sonnette, pour décider un gros bonhomme à moitié endormi à me demander ce que je voulais, et à me faire entrer dans sa cuisine. Lorsqu'il eut appris que je venais souper et coucher dans sa magnifique auberge, ma qualité de voyageur français, que je lui déclinai dès qu'il fut tout à ma lutte inutile, je m'étais couché par terre, la tête appuyée sur mon sac, mon seul compagnon, jetant un douloureux regard sur ces bottes devant lesquelles venaient échouer mon voyage et ma destinée. Tout à coup, sous la pression fébrile de ma tête enflammée, mon sac s'ouvre et laisse échapper sur le sol une partie de mon mince bagage. Que n'aurais-je donné pour y trouver la moindre paire de souliers, la plus grossière des pantoufles, ou même le plus lourd et le plus mal tourné des sabots! mais dans mon imprévoyance je n'avais jamais pensé à me charger d'un pareil butin, et je voyais avec indifférence s'étaler devant moi la chemise et la paire de bas qui composaient presque tout mon mobilier. En me relevant pour les ramasser, quelque chose tombe à mes pieds avec un bruit sonore ; j'y porte les yeux : c'était un rasoir que j'avais emporté par mégarde ; car la barbe dans toute sa liberté est un des priviléges les plus appréciés du voyageur. Ce rasoir me fut une révélation, et comme un instrument de salut envoyé par la Providence. Je me jette dessus et me voilà, savetier improvisé, taillant à grands traits dans mes bottes une paire de souliers. Je ne prétends pas que l'ouvrage fût fait selon les règles de l'art; probablement, sans de très-puissantes protections, il n'aurait pas été reçu à l'Exposition universelle ; mais l'essentiel y était : mes pieds purent y entrer sans effort, et s'y trouvèrent fort à leur aise ; car je leur avais ouvert des portes et des fenêtres d'une largeur suffisante, je les avais débarrassés de ce long et étroit corridor, de ce détroit qu'ils n'avaient pu franchir, et, tout fier de mon talent et du succès de mon premier travail, je me hâtai de reprendre ma course.

Après une descente rapide, dans laquelle je courais comme un échappé de prison, j'arrivai, la nuit close, dans un petit village, où j'eus quelque peine à faire comprendre au seul habitant qui n'était pas encore couché que j'avais faim et sommeil. Mon français finit cependant par s'entendre avec son patois savoyard ; il me montra à quelques pas de là une méchante cabane ornée d'une branche de pin. Il me fallut encore bien des coups de pied dans la porte, à laquelle on avait oublié de mettre une sonnette, pour décider un gros bonhomme à moitié endormi à me demander ce que je voulais, et à me faire entrer dans sa cuisine. Lorsqu'il eut appris que je venais souper et coucher dans sa magnifique auberge, ma qualité de voyageur français, que je lui déclinai dès qu'il fut tout à fait éveillé, parut produire sur lui une heureuse impression : car il appela sa femme d'une voix de tonnerre. La pauvre dame accourut, en se frottant les yeux, se hâta d'allumer le feu qu'elle fit flamber en le soufflant par un long tuyau de fer, et se mit en quatre pour me préparer un souper. Par extraordinaire, il ne se fit pas attendre ; il est vrai qu'il consistait uniquement en une espèce d'eau trouble, servie sous le nom de soupe verte, et dans laquelle nageaient des herbes empruntées sans doute aux flancs de la montagne, mais dont le goût était plus haut que délicat. A la fin de ce repas, que je trouvai un peu frugal après mes épreuves de la journée, mais qui présentait, je m'en assurai moi-même, tout ce que l'hôtel avait dans son office et son garde-manger, mon hôte me fit monter par un petit escalier de bois, m'ouvrit une porte basse, et, me montrant une montagne de foin dans un vaste grenier, m'invita à bien m'y reposer en me souhaitant le bonsoir. J'avais eu trop peur de passer la nuit sur la pierre pour me plaindre de ce genre de lit ; seulement j'eus soin de me placer dans un des angles du grenier et de m'entourer d'un triple rempart de bottes de foin : car il y avait au milieu de ma chambre à coucher un trou énorme, destiné à faciliter les communications avec l'étable au-dessous, et je n'avais pas grande envie qu'en me retournant sur ma couche, un mouvement un peu brusque me fît tomber à cheval sur quelqu'un des animaux qui ruminaient au rez-de-chaussée.

Les incidents de la journée s'étaient chargés de me préparer une bonne nuit : aussi fallut-il tout le bruit d'un village qui se réveille pour m'arracher à mon profond sommeil, et le soleil avait déjà fait une bonne marche quand je commençai la mienne. Mon hôte me promit qu'elle ne serait pas si longue et si accidentée que celle de la veille, et, avec une modestie assez rare chez les gens de sa profession, il m'assura qu'avant le milieu du jour je rencontrerais dans la ville un gîte et une table meilleurs que dans sa maison. Je n'ai rien à dire de mes premières heures ; sur le papier tous les voyages de montagnes se ressemblent : c'est toujours une succession de forêts, de prairies, de rochers, que l'on traverse au murmure d'un torrent. Mais le voyageur n'a pas, comme le lecteur, à craindre cette monotonie ; chaque minute amène une révolution dans le paysage : un rayon de soleil, un nuage qui passe, un pas de plus dans l'ascension ou la descente varient l'aspect du panorama, et donnent à tout ce qui l'entoure une nouvelle physionomie. A mesure que vous vous élevez, les objets changent de proportions, la montagne s'aplanit, le fleuve devient ruisseau, le torrent, fil d'argent, et vous êtes étonné, en regardant derrière vous, de ne plus voir, dans la forêt que vous avez mis une heure à parcourir, qu'une petite touffe de verdure; et puis mille pensées sortent de chaque angle du chemin, peuplent votre solitude et vous accompagnent. Le souvenir des absents, l'incertitude de ce qui vous attend à la fin de ce défilé, la menace de ce nuage qui va peut-être tomber en pluie, emporter les sentiers à demi tracés sur les pentes et interrompre votre marche, l'individu qui vous croise en vous saluant, le clocher que vous apercevez à travers le feuillage, et cette prise de possession de la nature dont vous vous emparez à mesure que vous vous avancez sur ses domaines, puisqu'elle vous abandonne tout ce que vous voulez en ce moment obtenir de la terre, des impressions vives et une profonde admiration : tout cela me tenait bonne et douce compagnie et ne me laissait pas voir la longueur et la rudesse de la route.

J'ai en voyage une très-dangereuse habitude : c'est la manie des petits sentiers qui doivent nécessairement abréger le chemin ; je l'ai toujours expiée par de longs détours et de pesantes fatigues ; n'importe, dès qu'elle se présente, la tentation est trop forte : j'oublie mon expérience et je retombe dans mes égarements. Aussi succombai-je, ce jour-là, aux séductions d'un joli petit chemin. D'après mes calculs, il devait diminuer au moins de moitié la distance qui me séparait encore de mon premier gîte, en suivant une ligne droite, pendant que la route, plus large et plus profondément creusée, paraissait se perdre en un long circuit ; j'avais si bien calculé, qu'après avoir escaladé trois ou quatre montagnes, bu l'eau de cinq ou six torrents, traversé des prairies sans fin et des Alpes sans limites, je me trouvai, le soleil couché, ruisselant de sueur, harassé de fatigue, sentant tomber les premières gouttes d'un orage qu'annonçaient depuis longtemps de sinistres éclairs, et ne sachant plus si, grâce à l'obscurité qui s'épaississait autour de moi, je n'allais pas me jeter dans un précipice ou dans un torrent. A ces heures-là, il faut le dire, le voyage perd un peu de sa poésie et de ses enchantements, les charmantes impressions et les riantes images ont disparu ; on ne songe plus qu'à gagner à tout prix un abri, et on donnerait tout le pittoresque du monde pour la table et le logement ; il vous traverse, de temps en temps, pendant que vous luttez avec l'inconnu et les ténèbres, une pensée de regret pour le toit paternel, pour la sécurité du foyer domestique. Mais ces regrets et ces émotions font partie de l'intérêt du voyage ; ils donnèrent encore plus de prix à la douce surprise qui m'attendait au détour d'un petit bois.

Au milieu de l'ombre universelle m'apparut tout à coup une splendide illumination. C'était la ville tant désirée et autour de laquelle m'avait fait tourner plusieurs fois mon chemin de traverse ; je la saluai d'un cri de joie, je retrouvai les forces et la vitesse de la matinée, et en quelques enjambées je fis mon entrée dans la principale de ses rues. Jamais, je dois l'avouer, les rues de Rivoli et de la Paix ne m'avaient paru si belles. Je n'eus pas à marcher longtemps avant de découvrir le plus délicieux spectacle pour un fatigué et un affamé comme moi ; le rez-de-chaussée tout entier d'une immense auberge était occupé par une longue salle remplie de convives, il retentissait du bruit des assiettes et des verres, et brillait d'une multitude de lampes dont, tout à l'heure, l'éclat m'avait servi de phare dans les ténèbres où je croyais rester. Déposant à l'entrée mon sac et mon bâton, je m'élançai, sans hésiter, vers une place restée vide au milieu de la foule qui encombrait les tables, m'emparai d'une assiette et d'un couvert vacant, et cherchai des yeux un garçon pour réclamer ma part du festin qui se distribuait à la ronde.

Un rapide coup d'œil m'apprit que j'étais dans une de ces hôtelleries qui, dans les villes de troisième ou quatrième classe, ont la pratique de presque tous ceux qui passent ou qui demeurent, dont la cuisine universelle nourrit les nombreux ménages sans cuisinière, et les individus plus nombreux encore sans ménage ou sans maison, et je me félicitais déjà de pouvoir compléter mes études sur la Savoie par une connaissance plus approfondie de ses habitants; mais l'accueil que j'en reçus ne répondit pas à mes bonnes dispositions. A peine m'étais-je attablé, que je vis peu à peu chacun de mes voisins tirer à lui son assiette, opérer un mouvement rétrograde, et un vide énorme se faire autour de moi. J'expliquai cette réception par la rusticité de ma mise : j'étais couvert de poussière, mon rasoir m'avait servi à toute autre chose qu'à me faire la barbe, la nuit passée sur le foin, sans me déshabiller, avait un peu terni l'éclat très-modeste de mon costume, et je pouvais passer, sans trop leur faire injure, pour un des émeutiers qui, deux ou trois mois auparavant, avaient dû quitter Paris et même la France pour avoir voulu recommencer trop tôt la révolution, dont ils ne se trouvaient pas suffisamment payés. Mais les convives ne paraissaient pas très-difficiles en fait de toilette : plusieurs n'étaient pas beaucoup plus élégants que moi ; quelques-uns même, pour manger plus à l'aise, avaient mis bas leurs vestes ou leurs blouses ; et l'on sait d'ailleurs que dans ces caravansérails, qui, comme ils disent sur leurs enseignes, logent à pied et à cheval, le roulier coudoie le gentilhomme ; autour de la même table tous les rangs et tous les états se confondent dans un commun appétit. Sans donc me fatiguer plus longtemps la tête à la recherche de ce problème, sans m'inquiéter des répugnances et des chuchotements inspirés par ma présence, je concentrai toute mon attention sur un potage qui commençait un peu tard le premier repas de ma journée, et me jetai avec la même ardeur sur un ragoût de bœuf qui se présenta après le potage.

Le fricot n'était pas salé, et je n'avais à ma portée aucune salière. Sans faire semblant de m'être aperçu du manége de mes convives, je m'adressai à celui qui était le plus près, quoique encore bien éloigné de moi, et lui dis le plus simplement du monde : « Monsieur, auriez-vous la complaisance de me faire passer le sel ? » Je n'avais pas fini ma phrase, que dix bras se tendirent vers moi, une salière à la main ; un mouvement général s'opéra sur toute la ligne, chacun montra autant d'empressement à se rapprocher de moi que tout à l'heure il en avait mis à me fuir : c'était à qui serait le plus poli et le plus aimable. Je ne revenais pas de cette métamorphose, et je me demandais, en répondant le mieux possible à ce retour inouï de politesse, quel talisman était attaché à ces mots que j'avais si innocemment prononcés. Mon plus proche voisin, lisant sans doute mon étonnement dans mes yeux, me donna le mot de l'énigme. « Nous vous demandons bien pardon, Monsieur, me dit-il : mais nous vous avions pris pour un Piémontais, et, voyez-vous, il nous est impossible de frayer avec ces gens-là. Plusieurs mangent ici, officiers et fonctionnaires ; mais ils ont leur salle à part ; nous déserterions plutôt l'auberge, s'il nous fallait dîner dans la même pièce qu'eux. Votre accent nous a appris que vous étiez Français : excusez la méprise et soyez le bienvenu, car nous aimons la France et nous en sommes plus que du Piémont. » C'était en 1832 : j'étais loin de prévoir que, trente ans après, le Piémont céderait la Savoie à la France; mais assurément ce jour-là, si on avait mis aux voix l'annexion, mes convives auraient voté comme les électeurs d'aujourd'hui.

Une fois la glace rompue, la conversation ne tarit plus, et on se dédommagea amplement du premier silence. Je fus mis au fait de toutes les histoires, de toutes les nouvelles du pays, et, avant d'arriver au dessert, ayant affaire à des gens aussi expansifs avec les Français que silencieux avec les hommes de Turin, je n'eus plus rien à apprendre sur les intérêts, les passions, les aspirations de la Savoie, et sur les grandes questions qui s'agitaient au conseil municipal et dans l'opinion publique de la ville où je dînais. Je ne voulus pas être en reste de révélations et de franchise : encouragé par l'attention et la faveur toujours croissantes de mes auditeurs, je me lançai dans de profonds aperçus politiques sur la situation de la France et même de l'Europe, je traçai à grands traits l'histoire des derniers événements; puis, descendant de ces hauteurs, je racontai en détail ce que j'avais vu et admiré de Genève au fond de la Savoie, et je finis par les incidents de mes deux dernières journées. J'étais plein de mon sujet; aussi l'intérêt et l'émotion furent à leur comble, lorsque je me représentai pieds nus, au milieu du désert, menacé, faute de chaussures, d'y finir mes jours. Un immense éclat de rire accuellit la manière dont j'étais sorti d'embarras, et l'hilarité redoubla lorsque, dans le feu de mon odyssée, joignant la démonstration au récit, je leur montrai mon œuvre encore attachée à mes pieds, et les souliers que mon rasoir avait su tirer d'une paire de bottes.

La nuit était déjà avancée, quand on songea à lever la séance: j'échangeai un bonsoir cordial, et force poignées de main avec mes aimables convives, et je m'apprêtai à solliciter une petite chambre, pour me reposer, ailleurs que sur du foin et dans un grenier, des fatigues de ma route. Le maître de l'hôtel ne m'en laissa pas le temps. S'avançant majestueusement, suivi de tous ses domestiques, et me faisant un salut jusqu'à terre, il me demande la permission de me conduire à mon appartement; puis, me précédant avec tous les siens, la casquette d'une main et un flambeau de l'autre, il m'introduit dans une chambre magnifique, la plus belle pièce de sa maison, me dit-il, et la plus digne de moi. Elle était en effet tout éclatante de rideaux de velours et de ces vieux meubles dorés redevenus aujourd'hui à la mode ; sur la cheminée, deux candélabres antiques portaient un bouquet flamboyant de bougies, et au milieu un lit quasi-royal, aussi large que long, dont la forme et les tentures dataient du règne de Henri IV, semblait attendre quelque prince en voyage.

Ne comprenant rien à ce nouvel incident, je cherchai en vain dans les regards de ceux qui m'entouraient le mot de cette seconde énigme : je n'y lisais que l'expression du plus profond respect. Tout à l'heure mis à l'index comme Piémontais, pour qui donc me prenait-on maintenant? à quelle autre méprise devais-je cet excès d'hommages et d'honneurs? A cette question mon amour-propre me glissa au fond de l'âme une réponse qui finit par me paraître assez vraisemblable. La conversation du dîner avait été plus loin que la table : mon éloquence avait fait du bruit, et sans doute la hauteur de mes idées, la profondeur de mes vues, avaient fait supposer, sous l'habit un peu négligé du voyageur, l'incognito d'un grand personnage et d'un homme d'État. J'étais confirmé dans cette agréable interprétation par la présence d'un de mes voisins de table, qui m'avait écouté avec une attention spéciale, avait paru goûter mes réflexions d'une façon toute particulière, et à qui j'avais trouvé un sens politique et une intelligence supérieurs à tous les autres : je l'avais vu quitter sa place avant la fin du dîner, aller dire quelque chose à l'oreille de l'hôtelier, et en ce moment il était auprès de lui et semblait son conseiller et son inspirateur. Comme, malgré cette petite bouffée d'orgueil, je me défendais de mon mieux d'une si splendide hospitalité, assurant que je n'étais qu'un pauvre voyageur, faisant toujours route à pied, se contentant du plus modeste gîte, et n'ayant nulle habitude des chambres somptueuses et des appartements d'honneur : « Oh ! Monsieur, s'écria mon ancien voisin, vous vous cachez inutilement ; un homme qui porte d'aussi belles bottes que vous est certainement un personnage considérable ; je les ai vues et je m'y connais, car je suis de la partie. » C'était en effet le principal cordonnier de l'endroit. Cette déclaration, je l'avoue, me coupa la parole. Devant une preuve aussi éclatante de mon mérite, il fallut me résigner ; après un redoublement de saluts de la part de la compagnie, je me hâtai de souffler sur l'illumination de ma cheminée, et de m'enfoncer dans le lit royal, riant beaucoup, mais un peu humilié de ne devoir un si beau succès qu'à mes bottes.

UNE LEÇON

I

Il y a quelques années, dans une de ces rues étroites, pauvres d'air et d'espace, inconnues au soleil et que viennent de remplacer, à Paris, de larges et majestueux boulevards, s'élevait une vieille maison, aujourd'hui moissonnée par la faux des démolisseurs et dont les conditions d'existence n'étaient pas de nature à laisser beaucoup de regrets : sa mauvaise mine, son délabrement, les lézardes de ses murs avaient souvent excité la colère de la commission des logements insalubres, et défié toutes ses tentatives de réforme. Les locataires de cette ruine étaient en harmonie avec elle; il s'établit, en effet, un singulier accord entre les maisons et ceux qui les habitent, et les murs et les hommes semblent exercer les uns sur les autres une mutuelle influence. L'aspect d'une cour, d'un escalier, d'une chambre, suffit souvent pour révéler le caractère, les habitudes, les mœurs de la population qui y a dressé sa tente. Telle maison comme tel visage appelle la confiance et respire l'honnêteté ; telle autre, à la première vue, éveille le soupçon et soulève contre elle l'opinion publique. Ce n'est pas, quoi qu'on en dise, le luxe ou la pauvreté, l'élégance ou la misère qui font ou compromettent la réputation d'un appartement ou d'un étage ; souvent l'ordre, la propreté, embellissent la plus humble demeure ; on sent, en y entrant, qu'elle est le sanctuaire du travail et de la vertu, tandis que de l'hôtel le plus magnifique, aux lambris splendides, aux meubles rares et d'un goût exquis, s'exhalent quelquefois une odeur de vice et comme un goût de dépravation qui donnent une triste idée de ses élégants possesseurs. On dirait que l'âme humaine impose son cachet à tout ce qui l'entoure, et que les pierres elles-mêmes portent l'empreinte et sont l'expression de sa destinée. Sous ce point de vue, la vieille maison ne disait rien de bon.

On en voyait sortir à toute heure de la nuit et du jour ces rôdeurs de barrières qui vivent de fraude et de contrebande, et trop souvent font payer leur journée, sous la menace du bâton ou du pistolet, à l'honnête bourgeois attardé ou à l'ouvrier qui a laissé sa force et sa raison au fond de quelque cabaret lointain, et cette espèce d'hommes sans revenus, sans état, sans aveu, qui ne savent pas le matin comment ils souperont le soir, et changent chaque semaine de domicile parce qu'ils n'ont pas de quoi payer leur loyer. Possédant tous un dossier bien garni à la préfecture de police, particulièrement recommandés aux sergents de ville, ces prétendus industriels exercent leur profession apparente le long des boulevards, à la porte des fêtes, à la queue des spectacles, offrent de montrer les curiosités de Paris à quiconque regarde un monument d'un air étonné, s'arrêtent à toutes les boutiques, font partie de tous les attroupements, et résolvent le singulier problème qui, chaque jour, se pose à Paris, où tout se vend au poids de l'or, où il faut avoir la bourse pleine pour ne pas mourir de froid ou de faim, et où cependant vivent des multitudes à qui on ne connaît aucun moyen d'existence, et qui n'ont jamais dans leur poche ce que le Juif-Errant avait toujours dans la sienne.

Dans ce monde douteux, dans cette Babel où

se parlait une langue que le dictionnaire ne connait pas, où s'échangeaient plus d'injures que de politesses, plus de coups de poings que de poignées de mains, le désordre était la loi, les cris la conversation, et peu d'heures s'y passaient sans tapage et sans batailles.

Deux seuls locataires faisaient exception aux habitudes générales : l'un, courbé sous le poids de l'âge et des soucis, avait des cheveux rares et blancs, un visage triste et ridé; son maintien était humble mais digne, ses vêtements râpés mais propres; il sortait peu, parlait moins encore, se glissait comme une ombre le long des escaliers et semblait vouloir se faire oublier de tous. On le voyait tous les dimanches à la même heure gagner l'église la plus proche, s'agenouiller pieusement, se relever les yeux baignés de larmes, puis retourner à sa chambre, d'où il ne sortait pendant la semaine que pour aller prendre, toujours seul, le plus modeste repas dans un petit restaurant du voisinage.

Sa chambre, tout au haut de la maison, était froide et nue; aucun fagot n'entrait dans sa cheminée l'hiver, et jamais la visite d'un ami, le sourire d'un enfant, le parfum d'une fleur n'égayaient l'austérité de sa solitude; mais jamais aussi on n'entendait sortir de sa bouche une réclamation ou une plainte; il ne demandait rien à personne et portait avec courage et douceur le pesant fardeau de sa destinée.

Seulement, les jours d'émeutes, quand *la Marseillaise* retentissait dans les rues et que les pavés s'élevaient en barricades pour préparer une révolution, on remarquait sur son visage une teinte plus sombre et un redoublement de tristesse. La moindre agitation populaire paraissait lui faire horreur; puis, à certaine époque de l'année, son calme habituel l'abandonnait, le désespoir s'emparait de lui, on entendait dans sa chambre, ordinairement silencieuse, des sanglots étouffés et de profonds soupirs.

Sa tournure antique, sa manière de vivre qui ne ressemblait à celle de personne, son éloignement de la foule, l'ignorance de son origine, avaient attiré l'attention du voisinage; il devint le point de mire de l'imagination publique, chacun eut une interprétation de son silence et de sa mélancolie.

Toute vie inconnue est un défi jeté à la perspicacité universelle, un problème qu'elle prétend résoudre d'après la loi des contradictions et le système des contrastes. Comme M. Vincent, c'était ainsi qu'on l'appelait, paraissait très-pauvre, on en conclut qu'il avait possédé d'immenses richesses; pieux aujourd'hui, il devait avoir été un profond scélérat; taciturne et obscur, il avait nécessairement jeté beaucoup d'éclat et fait un grand bruit dans le monde. D'après ces données si vraisemblables, il était, aux yeux des uns, le reste d'un grand seigneur déchu; aux yeux des autres, la survivance d'un banquier en faillite. Pendant quelque temps, il changeait sans cesse de passé et d'histoire dans la pensée de ses observateurs; mais son exactitude à la messe le dimanche, sa crainte du désordre, son peu de goût pour les révolutions, avaient fini par faire prévaloir une opinion sur toutes les autres : c'était certainement un vieil émigré, dépouillé une seconde fois par la révolution de Juillet, qui pleurait dans une mansarde ses salons perdus et cachait un grand nom sous la livrée de la misère. Comme la noblesse et l'émigration avaient peu de popularité dans le quartier, on ne lui épargnait ni sarcasmes ni injures; personne ne se faisait faute, en passant près de lui, de ces observations malveillantes prononcées à haute voix contre les principes qu'on lui supposait et les hommes dont on le croyait complice.

Au même étage, sur le même palier, et séparé seulement par une cloison, chantait, riait, travaillait un jeune homme, qui prenait tout autrement la vie et tâchait d'y jeter autant de joie que son vieux voisin y laissait tomber de tristesse. C'était un fort habile ouvrier, charpentier de son état, gai d'humeur, franc de caractère, tête vive et bon cœur. Après avoir fini son apprentissage dans un des premiers ateliers de Paris, il avait perfectionné son talent, à l'abri du compagnonnage, dans son tour de France, s'était battu plus d'une fois pour défendre la cause et soutenir l'honneur de sa société, et était revenu dernièrement à Paris, où son habileté lui procurait plus de travail qu'il n'en pouvait faire. Il y gagnait, comme on dit, tout ce qu'il voulait; mais il mettait à dépenser son argent encore moins de temps qu'à le gagner. Plus généreux qu'économe, la bourse toujours ouverte pour les plaisirs des autres et les siens, une fois hors de son atelier, il menait joyeuse vie, hantait les billards et les petits spectacles, dansait aux bals publics, lisait les romans à deux sous, et goûtait fort ces journaux à bon marché qui persuadaient alors au peuple qu'il n'était pas heureux, lui enseignaient de singuliers moyens pour le devenir et l'armaient contre toutes les supériorités sociales au nom d'une fraternelle égalité. Rémy avait accepté toutes ces théories comme des paroles d'Evangile : l'âme ouverte, le cœur sur la main, il n'aurait jamais imaginé qu'un journal, qui aimait tant le peuple et qui en parlait en si bons termes, pût ne pas lui dire la vérité.

Grâce à ces oracles, ce jeune homme, d'une nature bonne et bienveillante, qui se serait reproché de faire le plus petit mal à un oiseau, toujours prêt à aider ses camarades de son argent et de son temps, à secourir leurs veuves, à souscrire pour leurs orphelins, qui envoyait chaque mois la moitié de son salaire à sa mère, avait pris le bourgeois en haine, regardait le riche comme son ennemi, et aurait cru manquer à son devoir de citoyen, à sa dignité d'homme, s'il n'avait souhaité tout le mal possible au prêtre et au noble, ces deux tyrans unis pour l'asservir. Devenu depuis longtemps étranger à toute pratique religieuse, ayant grandi dans un monde où l'on ne parlait de la religion que pour la nier, de la société que pour la maudire, entendant répéter, sous toutes les formes, les accusations les plus violentes contre l'oppression de l'aristocratie et du sacerdoce, la cupidité des hommes d'argent, l'improbité des industriels, il était arrivé à confondre dans une même rancune l'Eglise, le château, le magasin, la boutique. Il prêtait sans scrupule à tout ce qui n'était pas ouvrier les plus mauvaises intentions et les plus coupables desseins, et ne croyait plus qu'aux vertus du peuple, qu'il voyait exalter dans la presse et sur le théâtre, en opposition avec les crimes des classes opulentes et privilégiées.

En vain son chef d'atelier, qui l'aimait pour ses bonnes qualités, avait voulu le faire revenir de ses opinions exclusives : il était, disait-il, plein d'estime pour son patron et de confiance en lui, car il en avait, en plus d'une circonstance, reçu de grands services; mais il ne pouvait le suivre dans ses préjugés bourgeois et ses petites idées de propriétaire. Pour lui, il ne désirait que le rétablissement de la justice sur la terre, l'abolition de la concurrence, la suppression de la misère, et rien, à son avis, n'était plus facile : tout cela pouvait s'obtenir sans répandre une goutte de sang; il suffisait par une loi de faire faire un tour de roue à la fortune, de changer le monde de place, de mettre dessus ce qui jusque-là était dessous. En attendant, Rémy chantait toute la journée des chansons de Béranger, se plaignait en riant du gouvernement, et le soir, après le travail, déclarait au cabaret, entre deux verres de vin, que, dans une société aussi mal organisée, la condition de l'ouvrier n'était pas supportable.

Malgré ses préjugés, il ne partageait pas envers son voisin la malveillance des autres habitants de la maison. Son bon cœur avait deviné, sous le silence du vieillard, une profonde blessure ; il le défendait contre les suppositions injurieuses, le saluait poliment quand il le rencontrait dans l'escalier, lui adressait quelques paroles bienveillantes et respectueuses, et lui rendait cette foule de petits services que l'on se rend entre voisins lorsqu'on n'a pas de domestiques, pas même de portier pour vous servir.

M. Vincent s'était laissé toucher par des attentions auxquelles il n'était pas accoutumé : il dérogeait avec le jeune homme à sa taciturnité habituelle, répondait à sa politesse et finit par lui témoigner une sorte d'affection paternelle; du salut dans l'escalier, on passa aux entretiens sur le pas de la porte, qui se continuaient en descendant, quelquefois même jusque dans la rue ; puis on arriva à quelques rares et courtes visites ; celles-ci, peu à peu, se multiplièrent et s'allongèrent. Rémy y apportait cette franchise, ce besoin d'épanchement qui le faisait aimer de ceux-là mêmes qui n'avaient ni ses idées ni ses principes. Il est un grand nombre de gens dont le dévouement est si grand à l'humanité en général, qu'il ne leur en reste plus pour les particuliers; ils se préoccupent avec ardeur des intérêts et des progrès universels, mais se soucient très-peu du chagrin de leur prochain; leur générosité d'ensemble s'arrange parfaitement avec leur égoïsme de détail. Le jeune ouvrier n'était pas de ces gens-là. Ceux mêmes qu'il croyait détester en bloc, il était très-disposé à les aimer individuellement, et s'il rencontrait ce qu'il appelait un de ses ennemis naturels à qui il pût rendre un service ou épargner une peine, il oubliait ses griefs contre la classe pour ne songer qu'à l'intérêt de la personne. Le vieillard, séduit par le charme de cette bonne nature, trouvait dans sa conversation un intérêt qu'il n'aurait jamais soupçonné. Il était rare que le soir, en revenant au logis, Rémy, s'il apercevait de la lumière briller à la fenêtre de son voisin, n'entrât pas un moment pour lui dire bonsoir et lui conter les travaux, les gains et même les folies de sa journée. Celui-ci l'écoutait avec plaisir, applaudissait à ses succès, le grondait doucement de ses fredaines, lui faisait promettre de ne pas les recommencer et prenait sur lui la douce influence qui va si bien à la vieillesse. Plus d'une fois ses conseils épargnèrent au jeune homme des fautes graves, l'arrêtèrent sur la pente glissante de quelques passions mauvaises, et lui découvrirent des piéges tendus à son inexpérience. Rémy, reconnaissant combien la prudence de M. Vincent lui était utile, prit l'habitude de ne plus rien faire sans le consulter; il lui montrait ses chefs-d'œuvre, et se retirait content quand il avait obtenu un applaudissement. Toutefois, dans cette intimité, il y avait un terrain réservé et sur lequel la paix n'existait pas. D'accord sur tout le reste avec lui, disposé à céder à l'autorité de son âge, Rémy ne résistait au vieillard que sur un seul point : les deux voisins ne pouvaient s'entendre sur ce que les savants appellent l'économie sociale.

II

La politique de M. Vincent était simple ; il ne demandait que le bon ordre, l'obéissance aux lois, le respect des droits et de la position de chacun dans l'interêt du travail et du bien-être de tous ; il voulait que le propriétaire restât dans son château, l'industriel dans son usine, l'ouvrier dans son atelier, le laboureur dans ses champs, chacun tirant de sa position le plus de bien possible, tâchant de faire l'ouvrage que lui avait confié la Providence, sans prétendre aller plus vite qu'elle. Rémy ne l'entendait pas ainsi : dans son amour d'émancipation, dans sa haine de l'exploitation de l'homme par l'homme, comme on disait alors, il venait d'adopter, comme tant d'autres, sur la foi des utopistes contemporains, cette société imaginaire où tout le monde devait être à la fois ouvrier et patron, maître et serviteur, et où la fortune de tous mise en commun dans la caisse de l'État serait distribuée, non suivant les droits d'héritage ou même le travail, mais selon les besoins : car il ne pouvait, disait-il, se faire à ce partage inégal qui met d'un côté tous les plaisirs et de l'autre toutes les privations et toutes les misères, et il trouvait parfaitement juste de supprimer un régime qui permettait à l'un la paresse et imposait à l'autre le travail.

M. Vincent combattait de toutes ses forces ce rêve impraticable qui, en prenant pour mesure du salaire l'appétit au lieu du mérite, donnerait précisément à la paresse le bénéfice de l'activité, tuerait toute émulation, tout esprit d'entreprise, et dégoûterait en peu de temps les plus laborieux d'un travail sans profit. Si plus tard, ajoutait-il, Dieu vous donne une famille et que vous ayez pu par votre talent et votre prévoyance amasser une petite fortune à vos enfants, vous comprendrez mieux qu'aujourd'hui la justice de l'héritage et l'odieux d'un système qui priverait votre fils des fruits de vos fatigues et de votre affection, pour faire de tous les habitants d'un même pays les outils d'une grande manufacture dont l'Etat serait le directeur, ou plutôt *des huîtres, attachées côte à côte sans sentiment et sans mouvement, au rocher de la fraternité* (1). Quant à ce que vous appelez la joie des uns et le malheur des autres, vous jugez sur

---

(1) Proudhon.

l'apparence ; vous êtes trop jeune encore pour savoir d'où viennent les chagrins mortels et les blessures incurables ; la fortune, la position y sont pour bien peu de chose. Chaque condition a ses devoirs, ses sacrifices, ses souffrances et aussi ses plaisirs, et de ce côté la plus humble n'est pas la plus malheureuse. L'ennui a tué plus de gens que le travail, et l'ouvrier n'a pas le temps de s'ennuyer ; la fatigue de l'inaction est plus lourde à porter que celle du plus dur labeur : car elle n'a pas le sommeil pour se reposer, et les plus splendides fêtes qui viennent au-devant de ceux que l'on envie, sans leur coûter le moindre effort, sont bien loin d'apporter au cœur autant de joie que ces réunions si gaies, que ces repas assaisonnés par l'appétit qui rassemblent le dimanche la famille et les compagnons d'atelier, et dont les frais sont payés par l'économie et la sobriété de la semaine.

Mais c'était surtout sur l'antagonisme des classes et des conditions que la dispute était la plus vive et la plus fréquente. Rémy, qui pourtant n'était pas né envieux, sentait croître chaque jour sa haine contre tout ce qui était au-dessus de lui. Les petits traités qui se répandaient dans les ateliers lui répétaient que le patron était l'ennemi de l'ouvrier, que les intérêts de celui-ci étaient toujours sacrifiés à ceux des maîtres; il les traitait sans façon de brigands et de voleurs; leur fortune, disait-il, se compose de nos dépouilles, ils s'engraissent de nos sueurs, et nous mourons de faim pour qu'ils s'enrichissent. M. Vincent s'indignait de cette injustice : « Regardez cette usine, s'écriait-il, que nous avons près de nous; étudiez les jours de mouvement et de repos, de bruit et de silence : quand est-ce que l'ouvrier emporte une forte paye, met à la caisse d'épargne une bonne somme, donne une belle robe à sa femme, des vêtements chauds à ses enfants? C'est précisément le jour où le patron voit entrer dans sa caisse de bons et beaux écus. Ce jour-là les commandes abondent, les acheteurs se pressent; il n'y a ni demi-journées ni chômage, et pour répondre à toutes les demandes qui vont faire la fortune de son établissement, le maître a besoin de beaucoup de forces et de beaucoup de bras, il est obligé d'augmenter le salaire de l'ouvrier pour le retenir; celui-ci, dont on ne peut se passer, fait la loi et obtient tout ce qu'il veut. Au contraire le bénéfice manque et le maître s'appauvrit, lorsque la fabrication ne marche plus, c'està-dire au moment même où il n'y a plus de travail pour l'ouvrier et par conséquent de salaire ; leur cause est donc commune, leur intérêt le même. La richesse de l'un grandit avec le bien-être de l'autre, et la misère de celui-ci suit inévitablement la ruine de celui-là.

« Quant à ces émeutes, ces révolutions que vous appelez comme l'âge d'or, quel est leur premier effet, leur conséquence infaillible ? Elles effrayent l'argent, tout le monde a peur d'en manquer, personne n'ose plus le risquer dans le commerce ou l'industrie, personne ne veut plus le dépenser en achats ; il n'y a plus de fabricants quand on n'espère plus d'acheteurs, les entreprises s'arrêtent, les machines ne fonctionnent plus, les bras sont inoccupés, et le salaire s'en va avec le bénéfice.

— Pour un moment, interrompait Rémy ; mais la crise une fois passée, le monde a fait un pas en avant et un progrès a été obtenu.

— Oui, reprenait son contradicteur, il s'est fait un mouvement dans le monde, mais c'est une descente au lieu d'une ascension. Sous la loi et l'ordre, sous l'influence de la paix, le commerçant s'enrichissait, l'ouvrier gagnait de quoi suffire à ses besoins, et personne ne refusait un morceau de pain au pauvre. Chaque année, le patron achetait une maison, un morceau de terre ; l'ouvrier un meuble, une petite rente, espoir de sa vieillesse, commencement de l'établissement de son fils ou de la dot de sa fille ; dès que la révolution se montre, le propriétaire, l'industriel sont gênés, l'ouvrier tombe dans la misère ; après avoir épuisé toutes ses économies, il est forcé de tendre la main pour obtenir le pain destiné au pauvre, et celui-ci meurt de faim. Bientôt, il est vrai, la crise passe, l'ordre revient ; sous des noms nouveaux, avec d'autres hommes, les choses reprennent leur ancien cours : il y a alors des indemnités pour les uns, des compensations pour les autres ; les rentes remontent, les actions qui ne valaient presque rien regagnent et dépassent leur valeur première ; mais l'ouvrier ruiné, comment profitera-t-il du retour quand il a tout vendu pour vivre ou tout mis au mont-de-piété ? il n'a plus de meubles pour louer une chambre, plus même d'habits pour se présenter décemment dans un atelier, il est forcé de rester pauvre, ou bien il lui faut de longues années d'efforts pour retrouver ce qu'il possédait la veille de la révolution qui devait l'enrichir. »

A ces arguments sans cesse renouvelés, Rémy opposait toujours quelque citation de *la Démo-*

cratie pacifique ou de *l'Organisation du travail*; il lui fallait au moins le 89 de l'ouvrier ; il était assez embarrassé de dire en quoi il consistait, mais c'était une formule qui répondait à ses sentiments, sinon à sa pensée ; il s'agissait, croyait-il, de supprimer le privilége de la propriété pour la bourgeoisie, comme elle avait supprimé jadis pour les aristocrates le privilége de la noblesse ; et quand on lui représentait l'impossibilité de ces théories socialistes qui mettraient l'humanité sans vocation au régime du couvent, il avait toujours une réponse prête : Laissez-nous faire, et vous verrez si nous ne vous donnerons pas une société mieux organisée que la vôtre.

La révolution de Février les surprit dans ces débats ; elle n'était pas de nature à les apaiser.

Au bruit d'un trône qui s'écroulait, d'une couronne qui se brisait en tombant à terre, au chant de *la Marseillaise*, à la promenade du drapeau rouge dans les rues de Paris, M. Vincent se renferma dans sa solitude. Rémy frappa inutilement à sa porte ; il en coûtait trop au vieillard d'être témoin de l'enthousiasme de son ami, d'entendre les éclats bruyants de sa joie ; car le jeune ouvrier n'avait pas été inutile au triomphe de la cause du peuple ; il avait crié :

À bas les ministres! vive la réforme! proclamé l'abolition de la monarchie à la chambre des députés, et acclamé à l'Hôtel-de-Ville le gouvernement provisoire ; puis, pendant les premiers jours, il était de ceux qui travaillèrent de leur mieux à faire de l'ordre avec du désordre, et qui mirent trois mois de souffrance et de misère au service de la république. Avide de toutes les émotions et crédule à tous les progrès, il assistait, sans trop les comprendre, aux séances socialistes du Luxembourg, portait la bannière aux manifestations populaires, et faisait mettre à tous chapeau bas devant le prêtre à la bénédiction des arbres de la liberté. Il voulut avec quelques bons patriotes fonder une association ouvrière ; très-habile, il consentit à ne pas gagner plus que le moins adroit et le plus paresseux. Mais le crédit manqua, l'égalité du salaire éloigna le travail sérieux, le gérant changeait tous les jours, et la société ne tarda pas à se dissoudre, après une discussion acharnée entre les sociétaires.

Bientôt les prédictions du vieux voisin se réalisèrent : ni le Luxembourg, ni l'Hôtel-de-Ville, ni l'association, ni la solidarité ne firent sortir l'argent de sa retraite et n'amenèrent les commandes ; le chômage devint la loi de toutes les industries, et ce fut un jour bien triste et bien humiliant que celui où un des meilleurs ouvriers de Paris, à qui les maîtres faisaient autrefois la cour, lorsqu'il s'agissait d'un travail délicat et capable de leur faire honneur, se vit obligé d'aller pousser la brouette aux ateliers nationaux, promener des terres au Champ de Mars, et creuser des fossés le matin qu'il allait combler le soir. Rémy se consolait de cette humiliation, en se trouvant entouré des hommes les plus habiles dans tous les métiers, et même en maniant la pioche avec des artistes et des littérateurs ; car l'art et la littérature étaient aussi en grève et avaient leur chômage. Il s'entretenait avec ces illustres terrassiers des futures grandeurs de la république et lui promettait, après les premières épreuves, le plus brillant avenir. Puis, le soir, il allait dans les clubs fortifier ses espérances et entendre les orateurs à la voix la plus forte, aux expressions les plus énergiques, annoncer le retour du crédit par la banqueroute, de la confiance par la menace, de la paix et de l'union par les souvenirs de la première révolution.

Lorsque le calme avait reparu, M. Vincent était devenu plus sociable ; il ouvrit sa porte, les visites et l'intimité recommencèrent. Rémy, un peu honteux des ateliers qu'il fréquentait, ne chantait plus si haut, et son voisin, qui voyait combien ses illusions venaient d'un bon cœur et avait su ses efforts pour calmer les colères, empêcher la violence et faire prendre patience aux impatients, ne put s'empêcher de l'aimer encore. Il aurait voulu profiter de ses mécomptes pour le désabuser et lui faire comprendre la fausseté des théories qui l'enivraient; mais si Rémy était triste, il n'était pas découragé; comme tant d'autres, au lieu de chercher la cause de ses souffrances où elle était, il en accusait amèrement les ennemis de la république. Dans les premiers jours il avait été plein de pitié et de générosité pour les victimes et très-opposé aux excès et aux désordres; il avait applaudi de toutes ses forces à l'abolition de la peine de mort, ne demandant que l'amour et l'oubli, et prenant à la lettre les formules et les inscriptions que la révolution avait empruntées à l'Evangile.

Mais les souffrances, les déceptions commentées par les journaux et les clubs aigrirent peu à peu son caractère; il se plaignit qu'on voulût enrayer le char de la république, dérober ses conséquences, escamoter ses développements. Chaque accident qui lui arrivait, chaque choc qui la faisait chanceler, il l'imputait aux malveillants et aux traîtres, et se mit à déclamer avec passion contre la réaction. M. Vincent s'armait des souvenirs de leurs anciens débats, et de ses prophéties, que les faits avaient si cruellement justifiées ; il le suppliait de s'arrêter dans cette voie, de ne pas chercher le remède dans le principe même qui avait fait naître le mal, mais de retourner au travail et de laisser la politique, qui n'avait eu pour lui que des déboires. Rémy devenait chaque jour plus sombre, sa parole était amère, sa gaieté avait disparu ; il parlait des justices populaires et de la nécessité de se défendre contre ceux qui avaient juré la mort de la république. Le vieillard voyait avec un profond chagrin poindre dans ce bon cœur des pensées de sang et de vengeance.

Un jour, c'était le 23 juin 1848, Rémy revint chez lui, tenant un fusil d'une main, un paquet de cartouches de l'autre. Ses cheveux étaient en désordre, sa parole brève, sa respiration saccadée ; ses yeux, ordinairement si doux, lançaient des éclairs : il venait de lire affiché sur les murs le décret qui supprimait les ateliers nationaux, et sortait d'un club où il avait entendu le cri : Aux armes ! « C'en est fait, dit-il en entrant chez son voisin, il faut en finir avec nos ennemis, ils donnent eux-mêmes le signal et nous déclarent la guerre, ils veulent nous dérober cette révolution qui, dans sa victoire, a été généreuse pour eux ; eh bien, que la guerre décide entre nous, et que le sang retombe sur ceux qui l'ont provoquée ! Pour vous, mon ami, ne craignez rien, cette maison sera protégée, et d'ailleurs nous ne souillerons pas notre victoire : la religion, la faiblesse, l'innocence seront respectées, mais notre indulgence a été la cause du mal et il faut que les coupables périssent. »

M. Vincent le conjura à mains jointes de déposer les armes, de ne pas livrer sa vie et celle de ses concitoyens aux horreurs d'une guerre fratricide. Il lui en représenta les terribles conséquences, lui prédit qu'une fois déchaîné le peuple serait sans pitié et frapperait en aveugle ; que dans ces rues qu'il allait ensanglanter, il aurait pour auxiliaires le rebut de la société, tous ceux qui ont à se venger de la vengeance des lois, qu'aucune force humaine ne serait capable d'arrêter leur furie, et que la première goutte de sang répandue en ferait verser des flots et provoquerait ces scènes de meurtre qui compromettent à jamais dans l'opinion la cause de la liberté.

Rémy resta sourd à ses supplications et à ses arguments. Excité par la passion, il s'emporta contre son vieil ami, lui reprocha amèrement ses opinions rétrogrades, sa disposition à prendre toujours le parti des riches et des nobles, et, s'enivrant de ses propres paroles : « Après tout, s'écria-t-il, je ne m'étonne pas que vous ayez si peur de la vengeance populaire : n'êtes-vous pas, comme tout le monde le sait ici, un émigré, un aristocrate, un homme de l'ancien régime, qui, par sa naissance et ses antécédents, fait cause commune avec nos ennemis? Je conçois que vous détestiez une révolution qui vous a enlevé vos odieux privilèges, que vous parliez en faveur de gens qui conspirent contre elle ; mais vous penseriez, vous parleriez autrement, si, comme moi, vous étiez du peuple, et si vous sentiez battre, sous votre veste, un cœur d'ouvrier.

— Rémy, lui dit le vieillard avec cet accent qui va droit à l'âme et cette voix que l'on écoute malgré soi, j'avais résolu d'ensevelir avec moi le secret de ma tristesse, j'espérais que personne au monde ne saurait l'histoire qui est le tourment et le remords de ma vie ; mais vous vous défiez de mes conseils, vous soupçonnez mes intentions. Eh bien, avant d'aller verser le sang de vos frères, écoutez-moi un instant, c'est la dernière parole que vous adressera un homme qui croyait à votre amitié et qui vous aimait; vous avez le temps de l'entendre, vos complices ne sont pas encore là.

III

« Je ne suis ni un noble ni un riche dépouillés par les révolutions et qui les haïssent par regret de la fortune et de l'influence qu'ils ont perdues. Comme vous, je suis homme du peuple ; comme vous, j'ai été ouvrier. Né, il y a déjà bien longtemps, sous un régime que rien ne rappelle aujourd'hui, j'appartenais à une honnête famille qui vivait péniblement du travail de ses bras ; elle m'éleva dans des principes d'une probité sévère et dans la foi à la religion chrétienne. Je perdis mes parents de bonne heure. Le menuisier fort habile, chez qui j'avais été placé en apprentissage, eut pitié de moi ; me voyant orphelin, il me traita avec une grande bonté, me fit manger à sa table, et me rendit l'affection que j'avais perdue. En peu de temps je devins l'enfant de la maison ; à la fin de mon apprentissage, je restai comme ouvrier chez mon patron ; j'y travaillais depuis quelque temps lorsque 89 arriva. C'était alors dans toute la nation un mouvement, une joie, une espérance dont rien depuis n'a pu donner l'idée ; la fièvre des réformes s'était emparée de tout le monde, un cri s'élevait de toutes les classes, de tous les rangs, contre les abus : chacun demandait du nouveau, voulait un changement, rêvait un âge d'or ; on ne parlait que conciliation, liberté et bonheur.

« La famille de mon patron fut prise d'enthousiasme comme les autres, et applaudit à toutes les démolitions. Il y avait bien dans la maison un grand-père qui regrettait les vieux usages, et ne pouvait se consoler de n'avoir plus de parlements et surtout de corporations, qu'il regardait comme la sauvegarde de la dignité, du bien-être et de la moralité de l'ouvrier ; mais on mettait ses regrets sur le compte de son grand âge, et, tout en le respectant, on l'accusait de radoter. Toutes ces idées nouvelles me portaient à la tête, elles m'apparaissaient comme l'expression de la justice et la réparation des iniquités du passé ; je me mêlais à la foule qui discutait sous les arbres des Tuileries et au Palais-Royal, j'applaudissais les orateurs en plein vent, je dévorais les feuilles que l'on criait dans les rues, et je me sentais fier d'appartenir à une époque et à un peuple qui savaient enfin secouer les chaînes de l'esclavage.

« Bientôt le mouvement devint de plus en plus violent : le roi, qu'on exaltait d'abord comme le père du peuple, était dénoncé comme un traître à la nation; les exécutions populaires commencèrent; elles frappèrent d'horreur et d'effroi une grande partie de ceux qui, les premiers, avaient mis la main à l'œuvre, et la nation se partagea entre les modérés, qui trouvaient qu'on allait trop loin, et les patriotes, qui se plaignaient qu'on ne marchait pas assez vite.

« Mon patron ne tarda pas à se ranger parmi les modérés; le pillage des magasins, les massacres dans les rues, les cris : A la lanterne! avaient refroidi son enthousiasme. La journée du 10 août acheva de le dégoûter des faiseurs de révolutions. Il aimait sincèrement le roi; son arrestation fut pour lui un coup terrible; il ne cessait de le plaindre et versait en secret des larmes sur ses malheurs. Moi aussi j'avais crié autrefois de tout cœur : Vive le roi! et le premier sang versé dans la rue m'avait fait mal; mais à force d'entendre répéter que Louis XVI était un tyran, que le sang répandu n'était pas pur et que ces sacrifices humains étaient nécessaires pour sauver le pays, je m'accoutumai à ces scènes sanglantes que je croyais toujours les dernières, et j'en vins bientôt à ne pas comprendre comment on pouvait ne pas approuver les mesures qui avaient pour but d'empêcher le retour des abus et la ruine de la révolution.

« Je m'étonnai d'abord, puis peu à peu je m'irritai du changement d'opinion et de la tristesse de mon bienfaiteur; des soupçons se glissèrent en mon âme contre son patriotisme, et cet homme que j'aimais tant, qui ne m'avait jamais fait que du bien, pour qui peu de mois auparavant j'aurais donné ma vie, me parut l'ennemi du pays, le complice de ses oppresseurs. Excité par les clubs, qui ne parlaient que de trahison et voyaient dans tout mécontent un ennemi mortel, je me demandais souvent avec une sorte d'effroi si j'avais le droit de tolérer une si dangereuse opposition, et pourtant mon patron évitait de parler politique; il se contentait de me reprocher doucement de quitter trop souvent l'atelier pour le club, et de sacrifier le travail de l'ouvrier aux discussions assez inutiles du citoyen. Mais dans mon ardeur civique, je ramenais toujours la conversation sur les événements du jour; je prétendais les justifier, et comme je ne réussissais pas, je perdais bien vite tout respect et toute mémoire. Je reprochais à mon patron d'aimer les abus de l'ancien régime et de pactiser avec les conspirateurs. Longtemps il n'opposa à mes injures qu'une admirable douceur, me rappelant à notre intimité passée et cherchant inutilement à m'ouvrir les yeux sur des excès que ma passion m'empêchait de reconnaître. Mais un jour, c'était en pleine Terreur, on vint à parler de la mort de Louis XVI, il ne pouvait s'en consoler; je voulus expliquer le crime par les odieux mensonges avec lesquels on l'avait fait accepter au peuple et dont j'étais une des plus aveugles dupes; sa patience l'abandonna, il me saisit par le bras et, me mettant à la porte de sa maison, me défendit de jamais y reparaître.

« Je partis la rage dans le cœur; hors de moi, éperdu, j'entrai aux Jacobins. La séance était commencée; un orateur s'élevait avec énergie contre les tièdes, les modérés, ces traîtres qui compromettaient le sort de la république, et contre la lâcheté de ceux qui, presque aussi coupables, n'osaient pas les démasquer : il invoquait Brutus, devenu immortel pour avoir eu le courage d'immoler ses fils sur l'autel de la patrie. A la suite de cette harangue, un frère dénonça son frère, un soldat son général, un domestique son maître. Chacune de ces dénonciations fut accueillie par de frénétiques acclamations. Ma tête bouillonnait, mes idées se troublèrent ; comme emporté par un mouvement dont je n'avais pas la conscience, je montai à la tribune, et, après avoir énuméré tout ce que mon patron avait fait pour moi, je le dénonçai à la vengeance du peuple comme ayant porté le deuil du tyran. Il n'en fallait pas tant pour le perdre : le soir même, il fut décrété d'accusation ; traduit devant le tribunal révolutionnaire, on ne lui donna pas de défenseur, on ne permit même pas qu'il parlât pour sa défense ; on lui prouva qu'il avait conspiré avec des gens qu'il n'avait jamais vus, dont il ne connaissait pas même les noms, et le tribunal à l'unanimité prononça contre lui la peine de mort.

« Quoique prévue, la nouvelle de sa condamnation me fit éprouver un profond saisissement, et j'eus un moment de doute sur le mérite de ce que j'avais fait ; un moment le souvenir des années si doucement passées dans l'atelier et la maison de ma victime se dressa entre elle et moi, la pitié reprit le dessus, et je me rendis à la section, résolu à demander sa grâce et à l'obtenir. Mais à mon entrée dans la salle, je reçus tant de félicitations de ma courageuse conduite, on applaudit si bruyamment à mon héroïsme, que j'hésitai dans mon repentir ; puis, en ce temps-là, la parole était à ceux qui sollicitaient des condamnations, et il n'était donné à personne de réparer le mal qu'il avait fait. D'ailleurs, on n'entrait pas impunément dans ces antres, où tant de crimes ont été préparés ; tel venu pour demander une grâce, en sortait après avoir obtenu une tête. J'éprouvai moi-même cette influence homicide ; je me réconciliai avec mon forfait, je me grandis à mes propres yeux des efforts que j'avais faits pour étouffer mes remords, et après vingt-quatre heures passées dans une atmosphère où chaque parole était une excitation au meurtre, où l'on respirait une odeur de poudre et de sang, je me trouvai entraîné par une force irrésistible sur le passage de la charrette qui devait conduire à la mort celui que j'avais dénoncé.

« Il était six heures du soir : la pluie tombait par torrents, une foule immonde se pressait dans les rues pour accompagner de ses insultes le convoi funèbre de tant d'êtres vivants. Je la suivis sans me rendre compte de ce que je faisais, et cependant sans rien perdre de ce qui se passait sous mes yeux ; je me plaçai machinalement sur le perron d'une église qui avait été changée en fabrique de salpêtre, et j'attendis.

Les cris de rage, les malédictions, les blasphèmes annoncèrent bientôt l'arrivée de la charrette, qui roulait lourdement sur le pavé humide. Deux femmes étaient sur le devant : l'une, âgée, à la figure noble et majestueuse, était plongée dans un recueillement profond, on voyait que ses lèvres murmuraient des prières ; l'autre, jeune, belle, les yeux en haut, avait la ferveur et l'exaltation du martyre ; on eût dit une sainte et un ange qui s'apprêtaient ensemble à s'envoler vers les cieux. Quand elles furent près de l'église, elles se montrèrent l'une à l'autre un homme enveloppé dans une carmagnole, qui était à côté de moi, et un éclair de joie illumina leurs visages. Mon patron était derrière, le col nu, les bras attachés, le visage pâle mais calme, comme un homme qui va remplir un devoir ; il paraissait ne rien entendre des clameurs de la populace et promenait de temps en temps sur elle un regard où il y avait plus de pitié que de colère.

« La charrette passa devant sa maison ; on avait entraîné sa famille loin de Paris ; une seule fenêtre était ouverte et laissait voir l'atelier où il travaillait encore la veille de sa condamnation ; ses outils étaient là, comme s'ils attendaient cette main qu'allait glacer la mort : il les aperçut, son œil devint humide, il baissa la tête et se remit à prier. Le cerveau en feu, les yeux hagards, la respiration haletante, j'étais fasciné par ce spectacle; mes cheveux se dressaient, j'entendais les battements de mon cœur et je ne pouvais détourner ma vue. Un cahot le fit pencher de mon côté : il me reconnut, ses yeux s'arrêtèrent sur moi, un douloureux sourire parut sur ses lèvres. Oh! mon ami, que Dieu vous épargne un pareil moment! que l'homme que vous allez tuer peut-être cette nuit ne vous envoie pas, en mourant, un tel regard, un tel sourire! Je sentis comme un glaive qui me traversait le cœur, je ne vis plus rien, je crus que j'allais mourir.

« Lorsque je revins à moi, j'étais couché dans une petite chambre; près de mon lit se tenait l'homme que j'avais remarqué sur le perron de l'église.

« J'étais en proie au plus violent désespoir, mon crime m'apparaissait dans toute son affreuse réalité; je demandais à grands cris la mort que je venais de donner à mon père adoptif, je voulais aller la chercher auprès de lui. Le prêtre me retint; car c'était un prêtre qui, sous la carmagnole, avait prononcé l'absolution sur ces têtes qui allaient tomber. Il me parla de la bonté de Dieu, qui ne connaît pas de crimes inexpiables; du ciel, qui s'ouvre au repentir comme à l'innocence, et où se retrouvent les martyrs et ceux de leurs bourreaux qu'ils ont purifiés de leur sang. Il changea en abondantes larmes mon farouche désespoir.

« En le quittant, je n'avais plus qu'une pensée, qu'un désir : me dévouer au salut de ceux que la révolution voulait frapper. Malgré mon éloignement pour tout ce qui pouvait rappeler mon crime, je me mis en rapport avec les hommes de meurtre, je serrai leurs mains teintes de sang et parlai leur langage pour surprendre leurs secrets et en empêcher l'exécution. Je parvins ainsi à favoriser des fuites, à faire pénétrer dans les prisons des consolations et des secours, à arracher des têtes à l'échafaud. Découvert et arrêté, je crus que ma pénitence allait finir par la suprême expiation. Le 9 thermidor me sauva. J'espère que Dieu m'a pardonné : je l'ai tant prié ! j'ai versé tant de larmes ! ma vie n'a plus été qu'une longue pénitence et une longue prière. Mais moi, je ne me pardonnerai jamais ; je traînerai ce souvenir comme le boulet que le condamné traîne jusqu'à son tombeau. Hélas ! si je pouvais l'oublier, ce qui se passe aujourd'hui me le rappellerait. Lorsque j'entends des hommes bons, généreux, honnêtes comme vous, déclarer qu'il faut punir les ennemis du peuple, frapper les conspirateurs, je me souviens de ce que je disais alors, je pense à mon pauvre patron, si bon, si inoffensif, qui aimait tant les ouvriers, qui cherchait de si bon cœur à leur faire du bien, et que j'ai fait mourir comme un ennemi du peuple et un conspirateur ; je le vois sur l'échafaud me poursuivre de son triste et dernier regard. Oh ! mon ami, vous êtes jeune, ardent comme j'étais alors : profitez de mon expérience et de mes regrets, défiez-vous de ces voix qui crient vengeance au nom de la justice populaire et veulent des victimes sur l'autel de la patrie. Aujourd'hui, elles vous demandent une bataille, demain elles exigeront des supplices. Arrêtez-vous sur cette pente qui, sous prétexte de patriotisme, vous fera bien vite glisser jusqu'aux plus abominables crimes ; ne jetez pas de sang sur votre jeunesse et épargnez à vos vieux jours le souvenir d'une action qui, dans la fièvre de la lutte, pourra vous paraître héroïque, mais qui pèsera comme un affreux remords sur tout le reste de votre vie. »

Le vieillard avait fini que Rémy l'écoutait encore. Ses traits avaient perdu leur animation et leur colère ; deux grosses larmes étaient dans ses yeux, et, en partant, il serra sans mot dire la main de son ami. Mais à la tombée de la nuit, lorsque les hommes de la guerre civile vinrent le chercher pour commencer le combat, ils ne le trouvèrent pas chez lui ; et le lendemain, en allant à l'église voisine prier pour ceux qui étaient morts ou qui allaient mourir, le vieillard le reconnut parmi les ouvriers qui, pendant les journées de juin, montèrent la garde à la porte d'une maison de pauvres petits orphelins élevés par les sœurs de Charité.

PÈLERINAGE

A

EINSIEDELN

———

I

Il y a quelques années, dans un voyage à pied à travers la Suisse, après avoir parcouru Chamouny et l'Oberland-Bernois, j'arrivai aux petits cantons. Là, les vallées plus solitaires, les Alpes aux pentes plus douces, sans rochers et sans avalanches, les villages de bois, moins chargés d'hôtelleries et de voyageurs, me reposèrent un peu de mes longues courses. Je m'arrêtai quelques jours à Lucerne; puis, curieux d'épuiser toutes les merveilles de ces contrées, je songeai bientôt à me diriger vers les Grisons, dont les montagnes promettaient d'autres formes et d'autres paysages. Mais une excursion d'une tout autre nature vint me détourner un moment.

Dans mes promenades au Rigi, à Schwitz, à la vallée funèbre de Goldau, j'avais souvent rencontré des troupes de pauvres gens, le sac sur le dos, et me paraissant venir de loin; ils ne demandaient ni aumône ni travail; mais, indifférents aux rencontres et aux paysages, ils cheminaient ensemble, récitant le chapelet ou les litanies, s'agenouillant devant les nombreuses croix qui protégent les cantons catholiques, saluant les voyageurs d'un signe de tête amical ou d'une parole pieuse, et toutes les fois que je leur avais demandé où ils allaient, il m'avait été répondu : « A Einsiedeln.. »

Suivant mon itinéraire, Einsiedeln était une grande abbaye de bénédictins, célèbre par son église et son pèlerinage. Il n'en fallait pas tant pour piquer ma curiosité. Je pris donc bien vite le chemin d'Einsiedeln, et après avoir traversé une ou deux montagnes et un gros bourg composé d'auberges et tapissé d'enseignes, je me trouvai en présence du couvent de Notre-Dame des Ermites.

Au IXe siècle, Meinrad, d'une illustre maison de Souabe, fuyant les grandeurs auxquelles le condamnait sa naissance, se cacha sur la montagne qui sépare le lac de Zurich de la vallée d'Einsiedeln, et pendant sept ans se livra dans la solitude aux austérités de la pénitence ; mais, effrayé de sa réputation, qui lui attirait trop de visites et trop d'hommages, il s'enfuit dans une vaste forêt, auprès d'une fontaine, n'emportant avec lui que l'image de la Vierge devant laquelle il priait. Telle fut l'origine du couvent : l'oratoire de Meinrad est devenu l'église ; sa cellule, la vaste abbaye ; sa fontaine désaltère encore les pèlerins, et l'image, objet de sa vénération, est cette vierge aux éclatants miracles, et que, depuis dix siècles, viennent chercher les vœux et la reconnaissance des peuples.

Vingt-six ans après sa retraite, Meinrad périt victime de deux assassins auxquels il avait donné l'hospitalité : ils avaient espéré un trésor, ils ne trouvèrent que le cilice du saint. Ils s'enfuirent à Zurich avec le regret d'un crime inutile, mais avec la sécurité de l'avoir commis sans témoin. Mais Meinrad, comme les Pères du désert, avait des amis parmi les oiseaux du ciel. Deux corbeaux, compagnons de sa solitude et qui partageaient son pain, s'attachèrent aux pas des meurtriers, les poursuivirent de leurs cris et de leurs coups de bec jusque dans l'auberge où ils s'étaient cachés, et appelèrent sur eux les soupçons. Interrogés, les meurtriers avouèrent leur crime, et l'expièrent. L'auberge de Zurich théâtre de ce fait porte encore aujourd'hui pour enseigne : *Les deux fidèles Corbeaux*, et l'abbaye les a pris dans ses armes.

Cependant Dieu manifesta par de grands miracles la sainteté de son serviteur, et sa cellule, sa fontaine et l'image de la Vierge croissaient en renommée dans tout le pays.

Quelque temps après, saint Eberhard, à l'aide de grands biens qu'il possédait et des libéralités des seigneurs voisins, bâtit le monastère et l'église, réunit quelques hommes religieux comme lui, et, leur donnant la règle de Saint-Benoît, fut le premier abbé de la communauté, qu'il voua à la Vierge sous le nom de Notre-Dame des Ermites.

L'édifice terminé, saint Eberhard pria saint Conrad, évêque de Constance, de faire la dédicace de l'église. La nuit qui précéda le 14 septembre, jour fixé pour la cérémonie, le saint évêque s'était levé à minuit pour prier. Tout à coup l'église lui paraît illuminée, il croit entendre le chant des psaumes ; étonné, il accourt : sur l'autel, éclairé comme aux jours de fête, la Vierge était éclatante ; devant elle, Jésus-Christ lui-même célébrait le saint sacrifice, en habits pontificaux, assisté des quatre évangélistes ; saint Grégoire tenait la mitre, saint Pierre la crosse, saint Ambroise et saint Augustin présentaient le vin et l'encens, saint Laurent lut l'Évangile, saint Étienne l'épître, et saint Michel, à la tête des anges, des palmes et des encensoirs à la main, chantait l'office de la Dédicace.

Le lendemain, Conrad raconta ce qu'il avait vu, et refusa de consacrer après le Christ. On ne crut pas à sa vision, on insista pour la cérémonie, et, après bien des résistances, il se préparait à monter à l'autel, en présence d'une grande multitude accourue de toutes parts, lorsqu'une voix entendue de tous, et qui semblait partir du ciel, lui cria : « Arrête, mon père, elle est divinement consacrée ! »

Cette merveilleuse histoire, conservée par la tradition, confirmée par les bulles de plusieurs papes, fit d'Einsiedeln, dès les premiers temps, le but d'un grand pèlerinage. Les miracles obtenus sans cesse à l'intercession de Notre-Dame des Ermites, et que témoignent les nombreux *ex-voto* suspendus aux murs de l'église, fortifièrent la foi des peuples. Depuis cette époque, pas un jour ne se passe sans amener à Einsiedeln quelques pèlerins. Le 14 septembre de chaque année, la vaste église est trop petite pour la foule qui vient célébrer l'anniversaire de la consécration divine.

Aujourd'hui, à l'extrémité d'une longue vallée, à l'ombre de montagnes couvertes de sapins, le monastère, à peine sorti depuis un siècle des cendres d'un incendie, présente une masse imposante de bâtiments et une façade régulière et majestueuse. Entre deux ailes qu'habitent les moines s'élève l'église, surmontée de deux tours, portant chacune une double croix ; une large place la sépare du village, qui doit au couvent sa naissance et sa fortune. Au milieu de cette place, la fontaine de Saint-Meinrad, dominée par une belle statue de la Vierge, verse, par douze jets continuels, une eau fraîche et pure, et tout autour, des galeries forment un cercle de boutiques, où sont étalés des chapelets, des images et des médailles. Derrière la façade, l'édifice se prolonge encore en bâtiments latéraux, qui cachent les cours et les jardins du couvent.

En entrant dans l'église, on est frappé de la richesse des ornements et de la profusion des statues, des fresques et des tableaux. L'histoire du christianisme est écrite tout entière sous ces vastes voûtes : les anges, les saints, les mystères, la vie de Jésus-Christ depuis Bethléem jusqu'au Calvaire, tous les souvenirs de l'Ancien et du Nouveau Testament revivent sous la couleur et sous le marbre. Le chœur et le sanctuaire sont des chefs-d'œuvre; chaque chapelle rappelle les miracles de son protecteur, et chaque autel repose sur le corps d'un saint.

A quelques pas de l'entrée se détache, au milieu de la nef, un petit dôme soutenu par des colonnes de marbre noir. Les bas-reliefs qui le décorent sont tous en l'honneur de la Mère de Dieu, et représentent son passage sur la terre et son assomption au ciel. Sous ce dôme, un autel sert de piédestal à une image noire, derrière laquelle s'échappent des rayons d'or, et une seule lampe laisse distinguer de son pâle reflet une Vierge qui porte un enfant dans ses bras. Les dalles qui entourent cette petite chapelle sont plus usées que toutes les autres; car c'est là que viennent se répandre tant de prières et tant de larmes, c'est là le but de tant de courses lointaines, c'est l'image devant laquelle Meinrad a prié et la sainte chapelle qu'a consacrée Jésus-Christ.

Au moment où, pour la première fois, je montai le grand escalier qui conduit à l'église, plusieurs familles de pèlerins arrivaient; tous, courbés sous le poids de la fatigue et du jour, ils avaient traversé le village sans s'arrêter un seul instant. Je les vis se désaltérer à la fontaine sainte, gravir à pas lents les marches, puis aller se jeter à genoux devant la sainte chapelle : avant tout repos, toute nourriture, sans s'inquiéter d'un abri ou d'un morceau de pain, ils n'avaient pensé qu'à leur vœu. Cet empressement me frappa. Dans ma patrie, la foi n'était, hélas ! qu'une exception, et les églises m'avaient paru trop souvent vides de peuple. Là, c'était le peuple qui avait foi et priait. Je m'agenouillai avec les pèlerins, mêlai ma voix à leurs litanies, et, oubliant un instant les impressions du voyage et mon caractère d'observateur, je ne me souvins que de Dieu et des absents! Je compris alors le pèlerinage, cette pieuse coutume de nos pères, si dédaignée de nos jours ; je compris ses promesses et ses espérances, les religieux sentiments qui l'inspirent, la confiance qui le soutient. Il me sembla qu'au pied de ces autels se révélait à moi une source nouvelle de consolations ; je venais de découvrir une protection jusque-là ignorée contre les menaces de l'avenir, un appui qu'aux jours mauvais je n'invoquerais pas en vain, et je sentis que le voyageur reviendrait un jour à Einsiedeln en pèlerin.

Pendant que je cédais ainsi à mon recueillement, l'église retentit d'une hymne à la sainte Vierge. Jamais harmonie ne m'a paru plus céleste, et saint Jean, dans l'île de Pathmos, n'entendit pas un plus ravissant concert : c'étaient cinquante pèlerins du Tyrol, descendus de leurs hautes montagnes, qui chantaient de leurs voix mélodieuses et justes une hymne en l'honneur de la Mère des anges. Ils étaient arrivés le soir même, et le lendemain ils allaient regagner leur patrie, emportant avec eux les bénédictions de la Vierge d'Einsiedeln. Toute cette fatigante route n'avait été faite que pour réciter aux pieds de son image le chapelet, et chanter un cantique d'action de grâces. A peine, à travers les ombres du soir, pouvait-on distinguer la figure mâle et franche des chasseurs tyroliens, le costume si pittoresque et les pieuses émotions des femmes et des enfants, qui avaient trouvé dans leur foi la force d'un tel voyage ; quelques vieillards, plus fatigués de la vie et de la route, mêlaient à ces voix pures et sonores les soupirs silencieux qu'inspire l'approche de la tombe ; et plus d'une mère, qui peut-être avait laissé son fils sur un lit de douleur, donnait à ces chants de joie des accents plus plaintifs et plus tendres. Moi, je ne pus les accompagner que de mes larmes.

Le lendemain, je demandai à voir le couvent. Un bénédictin me reçut avec l'accueil cordial de la charité; il me montra la cellule où il médite et travaille, la classe où il enseigne, la pénitencerie où, au nom de Dieu, il absout ceux qui s'accusent, une belle bibliothèque avec de vieux manuscrits, un cabinet de physique et de minéralogie. Il me raconta l'origine de l'abbaye et sa légende miraculeuse, ses splendeurs anciennes, qu'il ne regrettait pas, les ravages du feu et des révolutions, et comment, renaissant de ses cendres, elle voyait augmenter chaque année la foule et la piété des pèlerins. Il me dit les prodiges accomplis en ces lieux par l'intercession de Marie, la règle des bénédictins d'Einsiedeln qui partage le jour entre la prière, l'étude et le ministère. Nous parlâmes aussi beaucoup de la France qu'il aimait en la redoutant, des difficultés et des espérances de l'époque, de la foi si faible en mon pays, et pourtant renaissante, et de tout ce que la France pourrait faire un jour pour la vérité. Lorsque je le quittai, je n'étais déjà plus un étranger pour lui. Depuis, son affection m'a toujours protégé de ses prières. La parole de Jésus-Christ s'accomplissait : en touchant le seuil de sa maison, loin de ma famille, de ma patrie, j'avais trouvé des frères pour prier avec moi; en pénétrant dans son sanctuaire, un père pour m'accueillir, me bénir et m'aimer.

Mon voyage achevé, la mémoire d'Einsiedeln ne s'effaça pas; de temps en temps, une lettre partie du couvent me rappelait la fête du 14 septembre et mes promesses de retour; mais chaque été avait ses voyages et ses distractions, et j'avais encore bien des pays à visiter pour la première fois avant de songer à revoir la Suisse.

II

Huit ans après une maladie prompte et aiguë saisit ma mère, et bientôt le médecin n'espéra plus; déjà sa famille, autour de son lit, la pleurait et croyait entendre ses dernières paroles, lorsque, au milieu de ces pensées de deuil, le souvenir de Notre-Dame des Ermites brilla à travers ma tristesse comme un rayon d'espérance, et, courant à une église, jusqu'au pied d'un autel de Marie, je fis vœu d'aller à Einsiedeln la remercier de la guérison de ma mère. Quelques jours après, le médecin était maître de la maladie, l'inquiétude faisait place à la joie, et ma mère entrait en convalescence. Pour moi, je ne songeai plus qu'à acquitter mon vœu, et je fixai au 14 septembre, jour de la fête du couvent, l'époque de mon pèlerinage.

Mon voyage fut rapide, et j'eus bientôt atteint les petits cantons. Je retrouvai sur les chemins les croix tutélaires et les troupes de pèlerins; mais, cette fois, un autre sentiment que la curiosité me poussait, et j'étais plus leur frère qu'autrefois : car j'avais, comme eux, mon vœu à accomplir, mon action de grâces à rendre ; j'avais craint et souffert comme eux, et maintenant je partageais leur confiance et leur joie. Mes pensées étaient plus graves et plus religieuses. Ce n'étaient plus seulement les glaciers et les montagnes que j'admirais, et la majesté divine empreinte en la matière, mais aussi tout ce que la piété humaine avait ajouté à la création pour parler à l'homme de Dieu : car les Suisses des cantons catholiques ne séparent pas leur vie de leur religion ; ils ne la cloîtrent pas dans les temples, ils ne lui mesurent pas avec avarice les heures et le jour. Chacune de leurs montagnes a sa chapelle, sa patronne et son pèlerinage ; de distance en distance, les stations de la passion du Sauveur appellent une prière et une pieuse pensée. L'étranger est salué du doux nom du Christ, et lorsque, fatigué de sa course, il cherche un abri dans la campagne, une place où reposer sa tête ; un banc placé devant une croix ou une image sainte, une petite chapelle ouverte à la fatigue comme à la dévotion, lui offrent une aimable hospitalité. Le catholicisme est ici le principe et le fond, il ne partage pas, comme dans d'autres pays plus distraits, avec mille autres intérêts ; les hommes se tiennent toujours en la présence de Dieu, la croix n'a jamais abandonné leur bannière et brille sur leur hôtel de ville comme sur leur église.

Ce fut avec une joie bien vive que je revis les tours de l'église d'Einsiedeln. Avec quelle tendresse le bénédictin que j'avais connu autrefois me serra sur son cœur, et qu'il me fut doux de répandre, aux pieds de la Vierge invoquée dans mes douleurs, l'expression de ma reconnaissance! Le village d'Einsiedeln était plus animé qu'à mon premier voyage; l'approche de la fête lui donnait un mouvement inaccoutumé : toutes les routes lui amenaient des pèlerins, les auberges et les rues se remplissaient, et la veille du 14 septembre, le bourg n'avait déjà plus de place pour la multitude des arrivants. Cette foule, errant de l'église aux montagnes et répandue sur toutes les places et toutes les avenues, semblait un camp de mille peuplades et de mille tribus; la variété des costumes, du langage, des physionomies annonçait des habitudes et des mœurs bien opposées : le flegme réfléchi de l'Allemagne contrastait avec la vivacité de l'Italie; chaque canton avait son caractère original, et chaque famille sa prière de prédilection; Dieu inspirait à tous le même but et la même pensée; le pays, l'âge, le sexe de chacun, en diversifiaient l'expression. La France aussi, toute rebelle qu'on la dit à la foi de ses pères, y avait envoyé quelques-uns de ses enfants, quelques paysans, vieux soldats qui croient encore à la toute-puissance de Dieu et dans le mouvement des guerres et des révolutions n'ont pas oublié leurs prières. Je me rappelle avec attendrissement un pauvre homme qui, du fond de l'Alsace, avait emmené à Einsiedeln sa femme aveugle, l'accent si pénétrant de leur reconnaissance pour la trop légère aumône d'un compatriote, et leurs vœux pour que ma famille puisse voir encore longtemps la lumière du jour, vœux si touchants lorsqu'ils viennent de ceux qui ne la voient plus.

Toute la journée se passa en offices, préludes de la fête du lendemain. Peu à peu l'église se remplit et aux vêpres on avait peine à traverser la foule, mais si pieuse et si recueillie, qu'aucune parole profane ne se mêlait au chant des psaumes, aucun mouvement de curiosité ne troublait l'ordre des cérémonies. Après les complies, les moines retournèrent à la pénitencerie, dont les confessionnaux étaient assiégés depuis le matin, comme ailleurs les portes de la fortune et des plaisirs; les cierges et les lampes s'éteignirent, une seule brûla comme à l'ordinaire devant la sainte image, et l'église fut rendue à l'obscurité et aux prières à haute voix des pèlerins. Alors de toutes les parties de ce vaste édifice, de tous les bancs et de toutes les chapelles, s'éleva un murmure dont aucune parole ne peut rendre la merveilleuse impression : c'était la voix de tout ce qui était venu à Einsiedeln pour célébrer la fête de Notre-Dame des Ermites; c'était l'expression des sentiments de mille pèlerins. Accents de tristesse et d'espérance, chants qui remercient d'un miracle, soupirs qui le demandent, *Te Deum* et *Stabat*, gémissements de la pénitence, élans d'amour, prière du pauvre publicain, appel du centenier, cris du lépreux, pleurs de la Madeleine, adoration des bergers, tout ce qu'aux grands jours de l'Évangile le Sauveur avait entendu de l'humanité suppliante, tout ce que l'âme humaine peut dire et demander à Dieu, tout était dans cette voix, tout s'entendait dans ce murmure.

Avec quelle émotion mon âme s'enivrait de cette harmonie! comme je sentais à ce moment se réaliser tout ce que j'avais pensé du pèlerinage et de cette fraternité des enfants de Dieu! Quel désir de miséricorde, quelle ambition de charité s'allumait en moi! par quel sacrifice n'aurais-je pas acheté, pour un instant seulement, la puissance de ces martyrs et de ces pieux solitaires dont la parole faisait des miracles, et le droit de dire à ces affligés : Ne pleurez plus ! à ce malade : Levez-vous ! et surtout à cette pauvre mère : Allez, votre fils est sauvé !

Puis, en jetant les yeux sur la Vierge, qui brillait au-dessus de tous comme l'étoile du matin, je me rappelai ses miracles et sa prédilection pour les humbles et les petits, et je reconnus dans cette multitude tout ce que Jésus-Christ aimait sur la terre, toutes les béatitudes auxquelles il a promis le ciel ; ce ne fut plus sur elle que tomba ma pitié, mais sur nous, sur notre science si loin de cette humble foi, sur notre supériorité dont Dieu se rit, pendant qu'il prête une oreille attentive à tout ce qui s'échappe de ces âmes si dédaignées.

Aussi, quoique la nuit s'avançât, je ne pouvais m'arracher de l'église ni me séparer de mes frères : il me semblait que leurs âmes simples et recueillies m'appuyaient de leurs vœux et de leur mérite. Pendant qu'ils s'occupaient de ce qu'ils aimaient sur la terre, leur piété comptait pour moi, leur frère inconnu, et compensait mon indignité. Grâce à cette sainte solidarité, prédite en l'Évangile, j'étais dans une de ces heures privilégiées, dans un de ces instants de grâce où Dieu n'a pas de refus pour la prière ; je retrouvais toujours quelques demandes à faire pour ma famille et pour mes amis ; jamais peut-être n'entendrais-je plus cette voix de tout un peuple si pure et si expressive ! Il fallut pourtant songer au repos ; mais le bruit de cette commune prière m'accompagna jusque dans ma retraite, et le sommeil pesait déjà depuis longtemps sur mes paupières que j'entendais encore cette voix, comme le doux chant d'une mère berçant son enfant qui s'endort.

Le jour de la fête, dès quatre heures du matin, des messes furent dites dans toutes les chapelles, le pain de vie fut distribué aux pèlerins, et l'abbé offrit pour le peuple le saint sacrifice. A dix heures le nonce du pape officia pontificalement ; les voûtes retentirent de cette musique religieuse qui exprime si bien les soupirs de la piété et les élans du cœur. La sérénité brillait sur toutes les physionomies, et le recueillement n'excluait pas la joie ; car toutes les consciences étaient réconciliées, et dans ce grand nombre bien peu n'avaient pas approché de la table sainte. Il y avait loin de là à ces plaisirs de nos villes, à ces joies qui corrompent, à ces excès qui tuent ; une douce et sainte gaieté était descendue sur tous; la charité animait les entretiens, la prière était au commencement et à la fin de chaque repas; c'était la grande famille fêtant sa mère, heureuse de sa présence et de sa protection.

Le soir se fit une procession solennelle. L'abbé, assisté d'un nombreux clergé, vint prendre sur l'autel le saint Sacrement, et, précédé de tous les bénédictins, s'avança processionnellement à travers la foule à genoux.

Lorsqu'il descendit les degrés de l'église, portant sous un dais le Dieu fait homme, le ciel était voilé, la nuit profonde; on n'apercevait de toute l'abbaye qu'une croix de feu et le reflet, à travers les vitraux, des lampes brûlant devant l'autel. L'immense place, tout à l'heure vide, avait disparu sous les flots pressés des pèlerins; la longue file de religieux, un cierge à la main, traçait à travers ces masses une ligne mobile et lumineuse, et, de distance en distance, des flammes détachaient de l'obscurité quelques groupes à l'attitude respectueuse et à la figure recueillie. Le reposoir était élevé de l'autre côté de la place; le feu en dessinait les colonnes, la voûte, le tabernacle et l'autel; et la Vierge, comme l'avait vue saint Jean, le croissant sous les pieds et couronnée d'étoiles, y présentait son Fils à la vénération du monde.

Dans le fond, sur le bourg illuminé, se projetait l'ombre gigantesque des montagnes lointaines ; le vent, venu des glaciers, courbait les hauts sapins devant la majesté de Dieu, et mêlait au bruit du canon, au son des cloches, aux gémissements de l'orgue, aux chants des prêtres et des fidèles, son grave et majestueux murmure. Arrivé au reposoir, le prélat, entouré de ses religieux, entonna ces beaux hymnes eucharistiques que les saints ont composés et que répètent les anges. Puis il se tourna vers le peuple pour donner la bénédiction.

Alors tout fut recueillement et silence. Tous les fronts étaient à terre, toutes les âmes aux cieux ; on ne priait plus, on adorait ; et, au moment où à la voix du prêtre la sainte Trinité elle-même descendit pour nous bénir, du haut du ciel, qu'entrouvrait leur foi, les pèlerins virent la Vierge d'Einsiedeln qui souriait à leurs hommages, et chacun entendit au fond de son cœur une voix qui disait que sa prière était acceptée et son pèlerinage accompli.

Le dimanche avait encore une grande solennité : deux novices recevaient la prêtrise des mains du nonce du pape. Mais mes heures étaient comptées, d'autres devoirs m'appelaient.

Après la messe il fallut dire un dernier adieu à la Vierge, recevoir la bénédiction de l'abbé et reprendre le chemin de la France. Pendant longtemps encore, je rencontrai sur la grande route des groupes de pèlerins revenant, comme moi, du couvent des Ermites, et répétant à travers les pays protestants le chapelet commencé au sortir de leurs maisons qu'ils allaient revoir. Bientôt la Suisse s'éloigna, les montagnes s'effacèrent, la France reparut avec ses plaines, son mouvement, ses pensées plus terrestres ; je retrouvai ma mère mieux portante, les joies de la famille et du retour ; mais en quittant Einsiedeln, je n'ai rien oublié de ses saintes et pures impressions.

Je suis revenu de mon pèlerinage, plus confiant en la Mère de Dieu, plus ami de ces monastères que tant de siècles ont bénis, avant que le dernier les accusât. Aujourd'hui, lorsque j'entends les hommes de notre temps blâmer ces pieuses pratiques que l'Église conseillait à nos pères, et rire de la simplicité des pèlerins, je ne leur reproche pas des préventions qu'autrefois j'ai partagées, mais je prie Dieu que la curiosité les pousse à Einsiedeln, qu'ils puissent assister à ses fêtes et à ses prières ; devant la sainte chapelle, leur dedain tombera, leur critique deviendra moins sévère; peut-être même un jour, à l'approche d'un grand malheur, lorsque toute espérance leur manquera sur la terre, seront-ils heureux de se souvenir de Notre-Dame des Ermites. Eux aussi, puissent-ils retourner accomplir dans la joie le vœu qu'ils auront fait dans les larmes !

FIN.

TABLE DES MATIÈRES

Histoire d'un village. 1

Une maison du faubourg Saint-Marceau 175

Souvenirs de voyage en Suisse et en Savoie 239

Une leçon. 269

Pèlerinage à Einsiedeln. 307

REVUE D'ÉCONOMIE CHRÉTIENNE

ANNALES DE LA CHARITÉ

PARAISSANT TOUS LES MOIS

Par livraison de 192 pages in-8°

Religion, Philosophie sociale, Économie charitable, Voyages, Littérature, Études biographiques et historiques, Sciences morales, Bibliographie, Beaux-Arts, etc., etc.

PARIS ET DÉPARTEMENTS :

Un An. . . . . 18 fr. — Six Mois. . . . . 10 fr.

ÉTRANGER. . . . . 25 fr.

Les abonnements peuvent partir du 1er de chaque mois, mais les volumes commencent le 1er janvier et le 1er juillet.

ON SOUSCRIT : A Paris, à la librairie ADRIEN LE CLERE et Cie, 29, rue Cassette ; et chez tous les libraires dans les départements.

NOUVELLE SÉRIE COMMENCÉE LE 1er DÉCEMBRE 1862.

MESSAGER DE LA SEMAINE

ILLUSTRÉ

JOURNAL DE TOUT LE MONDE

DONNANT PAR AN PLUS DE 200 JOLIES GRAVURES SUR BOIS

PARAISSANT TOUS LES SAMEDIS

Par livraison de 16 pages (plus de 1800 colonnes de texte chaque année).

Ce petit journal est le plus varié et le plus intéressant de ceux du même genre ; sa rédaction et ses gravures sont toujours irréprochables.

SOMMAIRE :

TEXTE :

1° Chronique hebdomadaire sur les événements et les questions du jour. — 2° Discussion des intérêts religieux et charitables. — 3° Récits historiques. — 4° Nouvelles morales et romans par les plus célèbres écrivains catholiques. — 5° Economie domestique, hygiène. — 6° Revues scientifiques, industrielles et d'agriculture. — 7° Mélanges et Faits divers.

GRAVURES :

Actualités, Scènes de romans, Portraits, Principaux instruments d'agriculture et machines.

PARIS ET DÉPARTEMENTS : PAR AN, 7 FR.

ÉTRANGER : 10 FR.

Les abonnements partent du 1er de chaque mois.

ON SOUSCRIT : A Paris, chez M. DILLET, 15, rue de Sèvres ; et chez tous les Libraires dans les Départements.

www.ingramcontent.com/pod-product-compliance
Lightning Source LLC
Chambersburg PA
CBHW060502170426
43199CB00011B/1296